ध्यान और मानसिक कल्याण

आंतरिक शांति और स्पष्टता का मार्ग

डॉ. मीनाक्षी बंसल

|| समस्त संसार के ज्ञान-प्रेमियों को समर्पित ||

जो सत्य की खोज में, ज्ञान की राह पर अग्रसर हैं।
जिनकी जिज्ञासा कभी थमती नहीं, और जिनका उद्देश्य केवल आत्मविकास ही नहीं, बल्कि संसार के कल्याण का भी है—यह कृति उन सभी साधकों को सादर अर्पित है।

क्रम-सूची

क्रम-सूची

क्रम-सूची

प्रार्थना

ॐ भद्रं कर्णेभिः शृणुयाम देवाः।
भद्रं पश्येमाक्षभिर्यजत्राः।
स्थिरैरंगैस्तुष्टुवांसस्तनूभिः।
व्यशेम देवहितं यदायुः।
स्वस्ति न इंद्रो वृद्धश्रवाः।
स्वस्ति नः पूषा विश्ववेदाः।
स्वस्ति नस्ताक्ष्र्यो अरिष्टनेमिः।
स्वस्ति नो बृहस्पतिर्दधातु।
ॐ शांतिः शांतिः शांतिः।

यह मंत्र सार्वभौमिक कल्याण के लिए प्रार्थना है। इसमें विभिन्न देवताओं से सुरक्षा, स्वास्थ्य और सुख के लिए आशीर्वाद की याचना की गई है। यह मंत्र सभी इंद्रियों से शुभ का अनुभव करने और दिव्य उद्देश्य के साथ जीवन जीने के महत्व को रेखांकित करता है।

इंद्र, पूषा, ताक्ष्र्य (गरुड़) और बृहस्पति की कृपा से यह प्रार्थना जीवन में कल्याण और शांति की कामना करती है। अंत में "ॐ शांतिः शांतिः शांतिः" तीन बार दोहराने का अर्थ है - व्यक्तिगत, पर्यावरणीय, और वैश्विक स्तर पर शांति की गहन कामना। यह मंत्र शांति, समृद्धि और सभी प्राणियों के शारीरिक एवं आध्यात्मिक कल्याण के लिए पाठ किया जाता है।

लेखिका के बारे में

डॉ. मीनाक्षी बंसल, जो भारत की राजधानी दिल्ली में जन्मीं, ने अपनी ज़िंदगी कला, शिक्षा, और समाज कल्याण के प्रति गहरी प्रतिबद्धता के साथ बिताई है। विवाह के बाद, उन्होंने अहमदाबाद, गुजरात को अपना नया निवास स्थान बनाया, जहाँ वे प्रेरणा का स्रोत बनकर उभरीं। डॉ. मीनाक्षी न केवल ललित कला की कुशल कलाकार हैं, बल्कि एक प्रतिष्ठित लेखिका, समर्पित समाजसेविका और मनोविज्ञान की विद्वान शोधकर्ता भी हैं। उनका जीवन, विशेष रूप से समाज के वंचित और पिछड़े बच्चों के उत्थान के प्रति समर्पण, सहभागिता और सहानुभूति की शक्ति में उनके गहरे विश्वास का परिचायक है।

अपने प्रारंभिक दिनों से ही मीनाक्षी ने पढ़ने के प्रति एक अदम्य लगन दिखाई। उनके साहित्यिक संसार में नैतिक कहानियाँ, प्रेरणादायक कथाएँ, और जीवन पाठों से परिपूर्ण पौराणिक गाथाएँ शामिल थीं। यह पढ़ने की आदत केवल व्यक्तिगत विकास के लिए नहीं थी, बल्कि छात्रों और सहकर्मियों के विकास के लिए इन कहानियों के सार को साझा करने की इच्छा से प्रेरित थी। वे विशेष रूप से आदि शंकराचार्य, स्वामी विवेकानंद, डॉ. एपीजे अब्दुल कलाम, महामना पंडित मदन मोहन मालवीय, महात्मा गांधी, सरदार वल्लभभाई पटेल, और विनोबा भावे जैसे ऐतिहासिक और आध्यात्मिक नेताओं के जीवन और शिक्षाओं से प्रभावित थीं। उनके विचार और जीवन कथाएँ मीनाक्षी को दृढ़ता, निःस्वार्थता और ज्ञान की खोज के आदर्शों को अपनाने के लिए प्रेरित करती रहीं।

डॉ. मीनाक्षी का मनोविज्ञान में शैक्षणिक और व्यावहारिक योगदान भी उल्लेखनीय है। एक शोधकर्ता के रूप में, उनका ध्यान मानव मन की जटिलता को समझने और मनोवैज्ञानिक कल्याण और सामाजिक समरसता के लिए संभावनाओं को उजागर करने पर केंद्रित रहा है। उनके सामाजिक कार्यों में, वे अपने अकादमिक ज्ञान को समाज के वंचित वर्गों के जीवन में वास्तविक परिवर्तन लाने के लिए उपयोग करती हैं। उनका समाज सेवा का दृष्टिकोण पारंपरिक ज्ञान और आधुनिक मनोवैज्ञानिक पद्धतियों का अनूठा संयोजन है, जो समाज के बहुआयामी मुद्दों का समाधान करता है।

उनकी कलात्मक प्रतिभाएँ, जो उनके विविध कौशल का एक और पहलू हैं, केवल व्यक्तिगत रुचि तक सीमित नहीं हैं। उनकी कला प्रतीकात्मकता और भावनात्मक गहराई से भरपूर होती है, जो उनके दार्शनिक विचारों और सामाजिक चिंताओं को व्यक्त करती है। उनकी रचनाएँ दर्शकों को उनके बुद्धिमत्ता और करुणा की गहराई में झांकने का अवसर प्रदान करती हैं।

कला और समाज विज्ञान के अतिरिक्त, डॉ. मीनाक्षी ने प्राणिक हीलिंग की उपचार कला में भी महारत हासिल की है, जिसे मास्टर चोआ कोक सुई ने विकसित किया था। यह पद्धति, जो शरीर और आभा को ठीक करने के लिए प्राण या जीवन ऊर्जा के उपयोग पर केंद्रित है, न केवल उनके लिए एक व्यक्तिगत खोज रही है, बल्कि दूसरों को उपचार प्रदान करने का एक माध्यम भी है। प्राणिक हीलिंग में उनकी दक्षता विभिन्न प्रकार के ध्यान सिखाने और अभ्यास के साथ पूरी होती है, जो व्यक्तियों और समुदायों में पुनरुत्थान, व्यक्तिगत विकास और समरसता के संवर्धन पर केंद्रित है।

डॉ. मीनाक्षी का जीवन केवल व्यक्तिगत उपलब्धियों की खोज नहीं है, बल्कि समाज के उत्थान और सशक्तिकरण के प्रति समर्पित एक यात्रा है। उनकी विविध रुचियाँ और प्रतिभाएँ—कला, साहित्य, मनोविज्ञान, और उपचार पद्धतियों को जोड़ती हुई—सेवा के एकमात्र पथ पर केंद्रित हैं। वे उन महान हस्तियों की भावना को आत्मसात करती हैं, जिन्होंने उन्हें प्रेरित किया, और अपने कार्यों और शिक्षाओं के माध्यम से उनकी विरासत को आगे बढ़ाती हैं। अपनी पुस्तकों, कला और सामाजिक पहलों के माध्यम से, वे नई पीढ़ी को आत्म-खोज, दृढ़ता और निःस्वार्थता की यात्रा पर चलने के लिए प्रेरित करती हैं।

समाज कल्याण के प्रति उनकी प्रतिबद्धता, विशेष रूप से वंचित बच्चों के उत्थान पर ध्यान केंद्रित करना, शिक्षा और व्यक्तिगत विकास की परिवर्तनकारी क्षमता की उनकी गहरी समझ को दर्शाती है। मनोविज्ञान, कलात्मक संवेदनशीलता और उपचार पद्धतियों के ज्ञान को जोड़कर, डॉ. बंसल ने एक समग्र दृष्टिकोण विकसित किया है जो न केवल तात्कालिक आवश्यकताओं बल्कि समुदायों की दीर्घकालिक भलाई को भी संबोधित करता है।

एक लेखिका के रूप में, डॉ. मीनाक्षी की रचनाएँ प्रेरणादायक अंतर्दृष्टियों,

व्यावहारिक ज्ञान और उनके विस्तृत अध्ययन और जीवन के अनुभवों से लिए गए चिंतनशील विचारों का मिश्रण प्रस्तुत करती हैं। उनकी पुस्तकें उन लोगों के लिए मार्गदर्शिका के रूप में कार्य करती हैं, जो जीवन की जटिलताओं को अनुग्रह, दृढ़ता और उद्देश्य के साथ नेविगेट करना चाहते हैं। अपनी कहानियों के माध्यम से, वे अपने पाठकों को अपने भीतर की गहराइयों का पता लगाने और समाज की सामूहिक भलाई में अर्थपूर्ण योगदान देने के लिए आमंत्रित करती हैं।

डॉ. मीनाक्षी बंसल में हमें एक अद्वितीय कलाकार, विद्वान, उपचारकर्ता और सामाजिक कार्यकर्ता का अद्भुत समन्वय मिलता है। उनका जीवन कार्य आशा का प्रतीक और दुनिया में बदलाव लाने की इच्छा रखने वाले व्यक्तियों के लिए प्रेरणा का स्रोत है। उनकी कहानी सहानुभूति और मानवता की भलाई के प्रति गहरी प्रतिबद्धता से प्रेरित व्यक्तिगत प्रयासों की शक्ति की एक प्रेरक याद दिलाती है। डॉ. मीनाक्षी की विरासत केवल उनके प्रयासों के ठोस परिणामों में नहीं है, बल्कि उस स्थायी जिज्ञासा, सहानुभूति और सेवा की भावना में है, जिसे वे प्रतिपादित करती हैं।

प्रस्तावना

ध्यान और मानसिक कल्याण: आंतरिक शांति और स्पष्टता का मार्ग" में आपका स्वागत है, यह पुस्तक मेरे दिल के बहुत करीब है। जब मैं इस भूमिका को लिख रही हूं, तो मुझे वे असंख्य अनुभव याद आते हैं, व्यक्तिगत और देखे गए, जिन्होंने इस पुस्तक के निर्माण में योगदान दिया—यह एक ऐसा वृतांत है जो महिलाओं के आत्म-अन्वेषण और सशक्तिकरण की जटिल यात्रा को समर्पित है।

सशक्तिकरण की अवधारणा, विशेष रूप से महिलाओं के लिए, दशकों में काफी विकसित हुई है। यह सामूहिक सामाजिक-राजनीतिक संघर्षों पर केंद्रित होने से लेकर महिलाओं द्वारा रोज़मर्रा के व्यक्तिगत और अंतर्दृष्टिपूर्ण संघर्षों तक विस्तारित हो गई है। "ध्यान और मानसिक कल्याण" का जन्म इन दोनों पहलुओं को जोड़ने की इच्छा से हुआ है, यह दिखाने के लिए कि व्यक्तिगत उपलब्धियां व्यापक सामाजिक परिवर्तनों को कैसे जन्म दे सकती हैं।

यह पुस्तक उन महिलाओं को समर्पित है जिन्होंने अपनी आंतरिक आवाज़ों को सुनने और प्रचलित परंपराओं को चुनौती देने का साहस दिखाया है। यह उस युवा लड़की के लिए है जो अभी तक अपने विचारों की शक्ति को समझ नहीं पाई है और उस अनुभवी महिला के लिए है जिसने सामाजिक मानदंडों से लड़कर अपनी पहचान बनाई है। यह उन रोज़मर्रा की चुनौतियों और जीतों के बारे में है जो महिलाओं के जीवन को आकार देती हैं, चाहे वह कॉर्पोरेट दफ्तरों में हों, युद्धक्षेत्र में हों, या रसोई और नर्सरी में।

इस यात्रा की उत्पत्ति

इस पुस्तक को लिखने की मेरी यात्रा एक छोटे, भीड़भाड़ वाले कॉन्फ्रेंस रूम में शुरू हुई, जहां एक संगोष्ठी में आधुनिक कॉर्पोरेट्स में महिलाओं की नेतृत्व भूमिकाओं पर चर्चा हो रही थी। जब मैंने अपने चारों ओर हो रही जीवंत चर्चाओं को सुना, तो मुझे एहसास हुआ कि हर साझा की गई कहानी में एक सामान्य धागा था—विभिन्न पृष्ठभूमियों के बावजूद, महिलाएं हर जगह व्यक्तिगत महत्वाकांक्षा और सामाजिक अपेक्षाओं के बीच संतुलन साधने की चुनौती का सामना कर रही हैं। इसने मुझे अनुसंधान और आत्म-विश्लेषण के मार्ग पर ले

जाया, जो इस एहसास के साथ समाप्त हुआ कि महिलाओं की उपलब्धियों के बारे में बहुत कुछ कहा गया है, लेकिन उन आंतरिक परिवर्तनों के बारे में पर्याप्त चर्चा नहीं की गई है जो इन उपलब्धियों को संभव बनाते हैं।

यह पुस्तक, इसलिए, केवल सामाजिक परिवर्तन की खोज नहीं है, बल्कि उन भावनात्मक और मानसिक रूपांतरणों की गहराई में जाने का प्रयास है, जो सार्वजनिक जीत से पहले होते हैं। प्रत्येक अध्याय व्यक्तिगत विकास और सशक्तिकरण के विभिन्न पहलुओं पर प्रकाश डालता है, मनोविज्ञान, इतिहास और आधुनिक नारीवादी विचारों को एकीकृत करता है, और साहस, धैर्य और नवाचार के गुणों को दर्शाने वाली महिलाओं की वास्तविक जीवन कहानियों से भरपूर है।

संरचना और दायरा

"ध्यान और मानसिक कल्याण" को पाठकों को आत्म-खोज और सशक्तिकरण के विभिन्न चरणों के माध्यम से मार्गदर्शन करने के लिए संरचित किया गया है:

1. स्वयं की समझ: पहला खंड आत्म-जागरूकता के महत्व को संबोधित करता है—यह जानना कि आप कौन हैं, अपनी इच्छाओं को समझना, अपनी ताकत और कमजोरियों को पहचानना और अपने भावनात्मक और मानसिक ढांचे को स्वीकार करना।

2. बाधाओं को चुनौती देना: यहाँ हम उन आंतरिक और बाहरी बाधाओं का पता लगाते हैं जो महिलाओं की प्रगति में बाधा डालती हैं। यह खंड मनोवैज्ञानिक अवरोधों और सामाजिक रूढ़ियों को पार करने की रणनीतियों को प्रदान करता है, इन बाधाओं को दूर करने में मानसिकता की भूमिका पर जोर देता है।

3. आंतरिक शक्ति का उपयोग करना: यह महत्वपूर्ण खंड इस बारे में चर्चा करता है कि चुनौतियों को ताकत में कैसे बदला जाए। इसमें धैर्य निर्माण के तरीकों और व्यक्तिगत अनुभवों का उपयोग सशक्तिकरण के उपकरण के रूप में करने की विधियाँ शामिल हैं।

4. सशक्तिकरण को क्रियान्वित करना: अंतिम खंड व्यक्तिगत विकास को

व्यक्तिगत और पेशेवर क्षेत्रों में व्यावहारिक रणनीतियों में बदल देता है। यह दिखाता है कि सशक्त महिलाएं अपने समुदायों और उससे परे बदलाव कैसे ला सकती हैं।

प्रत्येक अध्याय सैद्धांतिक अन्वेषण और व्यावहारिक सलाह का मिश्रण है, विविध संस्कृतियों और समयों की कहानियों से समृद्ध है, जो लिंग समानता और व्यक्तिगत विकास के सार्वभौमिक और कालातीत संघर्ष को दर्शाती हैं।

व्यक्तिगत जुड़ाव

यह पुस्तक आपके लिए लिखी गई है—वह महिला जो अपनी क्षमता को समझने की कोशिश कर रही है, वह संरक्षक जो दूसरों को उनके रास्ते पर मार्गदर्शन कर रही है, वह छात्र जो महिलाओं के सशक्तिकरण की विरासत के बारे में उत्सुक है, और वह नेता जो बेहतर भविष्य के लिए नीतियाँ बना रही है। मेरी आशा है कि ये पृष्ठ आपके साथ गूंजें, आपको चिंतन और प्रेरणा प्रदान करें, और आत्म-खोज और सशक्तिकरण की अपनी यात्रा का प्रेरक बनें।

"ध्यान और मानसिक कल्याण" आपको प्रस्तुत किए गए आख्यानों और विचारों के साथ गहराई से जुड़ने, प्रश्न करने, चुनौती देने और अंततः विकसित होने के लिए आमंत्रित करती है। जैसे ही आप इन पन्नों को पलटेंगे, मेरा विश्वास है कि आपको न केवल जानकारी और रणनीतियाँ मिलेंगी, बल्कि प्रोत्साहन और पुष्टि भी मिलेगी कि आप न केवल अपनी नियति को आकार दे सकते हैं बल्कि महिलाओं के सशक्तिकरण की बड़ी कहानी में भी योगदान दे सकते हैं।

इस अविश्वसनीय यात्रा में मेरे साथ शामिल होने के लिए धन्यवाद।

डॉ. मीनाक्षी बंसल,
अहमदाबाद, गुजरात, भारत

1

जागृति: हमारी आंतरिक शक्ति को समझना

व्यक्तिगत विकास की यात्रा में एक निर्णायक क्षण आता है जिसे अक्सर "जागृति" कहा जाता है। यह परिवर्तनकारी अनुभव हमारी आंतरिक शक्ति को पहचानने और उसका उपयोग करने के बारे में है, जो आत्म-सशक्तिकरण और व्यक्तिगत विकास की ओर एक आवश्यक कदम है। अपनी आंतरिक शक्ति को समझना आत्म-अवलोकन की गहराई में उतरने जैसा है, जहाँ साहस, सहनशक्ति और दृढ़ संकल्प के विशाल भंडार छिपे होते हैं।

आत्म-अन्वेषण

यह प्रक्रिया आत्म-अन्वेषण से शुरू होती है। यह अपने आप से कठिन प्रश्न पूछने के बारे में है: मैं कौन हूँ? मैं क्या महत्व देता हूँ? मेरी सबसे गहरी आशंकाएँ क्या हैं? यह खोज केवल ताकतों को पहचानने के बारे में नहीं है, बल्कि हमारी कमजोरियों और भय का सामना करने के बारे में भी है। आत्म-अन्वेषण एक चुनौतीपूर्ण प्रक्रिया है जो ईमानदारी और साहस की मांग करती है, क्योंकि यह अक्सर हमें अपने जीवन के चुनावों और उन कहानियों पर पुनर्विचार करने के लिए मजबूर करती है जिन्हें हमने अपने बारे में सच माना है।

चुनौतियों की भूमिका

जागृति प्रक्रिया में चुनौतियाँ एक महत्वपूर्ण भूमिका निभाती हैं। कठिनाइयों और

असफलताओं के माध्यम से ही हम अक्सर अपनी वास्तविक क्षमताओं की खोज करते हैं। हर चुनौती जो हम सामना करते हैं और पार करते हैं, हमें सहनशक्ति का सबक सिखाती है, यह दर्शाते हुए कि हमारी सीमाएँ उन सीमाओं से कहीं अधिक हैं जिन्हें हमने पहले माना था। यह एहसास सशक्त करने वाला होता है, हमारे आत्म-धारणा को बदलता है और भविष्य की सफलताओं के लिए हमारी क्षमता को बढ़ाता है।

सोचने की शक्ति

हमारी आंतरिक शक्ति को जागृत करने में सोचने की शक्ति एक महत्वपूर्ण घटक है। विकासशील मानसिकता अपनाना—यह विश्वास कि हमारी क्षमताएँ और बुद्धिमत्ता समर्पण और कड़ी मेहनत के माध्यम से विकसित की जा सकती हैं—परिवर्तनकारी होता है। यह हमें चुनौतियों का सामना अवसर के रूप में करने में सक्षम बनाता है, जिससे सहनशीलता और अनुकूलन की भावना पैदा होती है।

दूसरों के साथ जुड़ाव

हालाँकि जागृति प्रक्रिया काफी हद तक आत्म-निरीक्षण पर आधारित है, लेकिन उन लोगों से जुड़ना जो समान यात्रा पर हैं, हमारे समझ और विकास को बढ़ा सकता है। साझा अनुभव और कहानियाँ प्रेरणा और प्रोत्साहन प्रदान कर सकती हैं, साथ ही बाधाओं को पार करने के विभिन्न तरीकों के व्यावहारिक सुझाव भी। ये संबंध न केवल हमारे व्यक्तिगत विकास को सुदृढ़ करते हैं बल्कि एक सहायक समुदाय का निर्माण करते हैं जो हमारी सहनशीलता को बढ़ाता है।

निरंतर विकास और सीखना

अंत में, हमारी आंतरिक शक्ति को समझना एक सतत यात्रा है। यह एक ही एहसास के साथ समाप्त नहीं होता, बल्कि यह सीखने, बढ़ने और विकसित होने का एक निरंतर चक्र है। जीवन का हर चरण नई चुनौतियों और अवसरों को लाता है, जो हमें अपनी सीमाओं से परे जाने और नए क्षितिज की खोज करने के लिए प्रेरित करता है।

संक्षेप में, "जागृति: हमारी आंतरिक शक्ति को समझना" हमारे

अनुभवों—सफलताओं और संघर्षों—दोनों को गले लगाने और उन्हें एक सशक्त, सहनशील और पूर्ण जीवन को पोषित करने के लिए उपयोग करने के बारे में है। यह मानव आत्मा की शक्ति का प्रमाण है, जो अनुकूलन, बाधाओं को पार करने और विपरीत परिस्थितियों में भी पनपने की क्षमता रखती है।

"अपनी आत्मा के दर्पण में, उसने वह शक्ति पाई, जिसे उसे हमेशा खोया हुआ बताया गया था। वह केवल एक उत्तरजीवी नहीं थी; वह एक योद्धा थी, जो अपने दृढ़ संकल्प के धागों से अपनी नियति बुन रही थी।"

2

सहनशीलता की जड़ें: चुनौतियों को पार करने की कहानियाँ

मानव अनुभव के समृद्ध ताने-बाने में, जो धागा अक्सर सबसे अधिक चमकता है, वह है सहनशीलता—वह गहरी ताकत जिसे व्यक्ति चुनौतियों के सामने बुलाते हैं। यह गहन अवलोकन हमारी आंतरिक शक्ति के सार की खोज करता है, यह दिखाते हुए कि कैसे प्रतिकूलता जागृति को प्रज्वलित करती है, जिससे गहन व्यक्तिगत विकास और सशक्तिकरण होता है। व्यक्तिगत अनुभवों और मनोवैज्ञानिक अंतर्दृष्टियों के माध्यम से, हम उन लोगों की कहानियों को उजागर करेंगे जिन्होंने महत्वपूर्ण बाधाओं का सामना किया और मजबूत होकर उभरे, और समझेंगे कि उन्होंने अपने भीतर सहनशीलता और समझ को कैसे विकसित किया।

आंतरिक शक्ति और सहनशीलता का परिचय

आंतरिक शक्ति मानसिक दृढ़ता, भावनात्मक सहनशीलता और आध्यात्मिक धैर्य का समग्र रूप है। यह वह केंद्र है जहाँ से हम अपने सबसे कठिन और सबसे सुखद क्षणों में शक्ति प्राप्त करते हैं। सहनशीलता, इस शक्ति का एक महत्वपूर्ण घटक, प्रतिकूलताओं से उबरने, बदलाव के अनुकूल होने और कठिनाइयों के बावजूद आगे बढ़ने की क्षमता को संदर्भित करती है। सहनशीलता को समझना

"

और विकसित करना व्यक्तिगत आघात को जीत में बदल सकता है, एक साहस का स्रोत प्रदान करता है जो आगे के विकास को प्रोत्साहित करता है।

सहनशीलता पर ऐतिहासिक दृष्टिकोण

इतिहास के माध्यम से, सहनशीलता की कहानियाँ आशा और निर्देश का स्रोत रही हैं। प्राचीन ग्रीस के स्थायियों से, जिन्होंने धैर्य के गुणों का प्रचार किया, उन राजनीतिक कैदियों तक, जिन्होंने केवल अपनी इच्छाशक्ति से जीवित रहने का साहस दिखाया, संदेश स्पष्ट रहा है: सहनशीलता केवल जीवित रहने के बारे में नहीं है, बल्कि संघर्षों के बीच फलने-फूलने के बारे में है। ये ऐतिहासिक विवरण न केवल प्रेरणा प्रदान करते हैं बल्कि सहनशीलता बनाने के लिए व्यावहारिक रूपरेखाएँ भी देते हैं।

सहनशीलता की मनोवैज्ञानिक नींव

मनोवैज्ञानिक रूप से, सहनशीलता आंशिक रूप से जन्मजात होती है लेकिन मुख्यतः विकसित होती है। प्रमुख कारकों में सकारात्मक दृष्टिकोण, आशावाद, भावनाओं को नियंत्रित करने की क्षमता और विफलता को उपयोगी प्रतिक्रिया के रूप में देखने की क्षमता शामिल है। संज्ञानात्मक व्यवहार चिकित्सा (CBT) और अन्य मनोवैज्ञानिक पद्धतियाँ इन विशेषताओं को बढ़ाने के लिए उपकरण प्रदान करती हैं, यह सिखाते हुए कि नकारात्मक अनुभवों को कैसे पुनःसंरचित किया जाए और उन्हें विकास के लिए कैसे उपयोग किया जाए।

केस स्टडी: सहनशीलता के उदाहरण

आगे बढ़ने वाले उद्यमी - एक स्टार्टअप संस्थापक की कहानी, जिसका व्यवसाय प्रारंभ में भयंकर असफल हुआ। पराजय के आगे झुकने के बजाय, उन्होंने इस अनुभव का उपयोग व्यवसाय और व्यक्तिगत सहनशीलता के बारे में महत्वपूर्ण सबक सीखने के लिए किया, जिससे अंततः एक नई परियोजना की सफल शुरुआत हुई जो पिछली गलतियों को संबोधित करती है।

निजी क्षति का सामना करने वाला व्यक्ति - एक ऐसी कहानी जिसने प्रियजन की मृत्यु के कारण अकल्पनीय क्षति का सामना किया। सहायता लेने, डायरी

लेखन जैसे चिंतनशील अभ्यासों में भाग लेने, और धीरे-धीरे नए जीवन लक्ष्यों को स्थापित करके, उन्होंने दुःख से निपटने वाले अन्य लोगों की मदद करने में गहरी ताकत और उद्देश्य की खोज की।

प्रतिरोध से प्रेरित एक कार्यकर्ता - एक व्यक्ति के संघर्ष का वर्णन जिसने भेदभाव का सामना किया और अपने संघर्ष को वकालत में बदल दिया। अपने दर्द को उत्प्रेरक के रूप में उपयोग करते हुए, उन्होंने सामुदायिक पहलों और विधायी परिवर्तनों का नेतृत्व किया, जिससे न केवल खुद को बल्कि अपने समुदाय को भी सशक्त बनाया।

सहनशीलता विकसित करने के उपकरण और तकनीकें

सहनशीलता का विकास मांसपेशियों के निर्माण जैसा है; इसके लिए निरंतर प्रयास और सही तकनीकों की आवश्यकता होती है। माइंडफुलनेस मेडिटेशन, नियमित शारीरिक गतिविधियाँ, और मजबूत सामाजिक संबंध बनाए रखने जैसे अभ्यास मनोवैज्ञानिक सहनशीलता को बढ़ाने के लिए सिद्ध होते हैं। इसके अतिरिक्त, यथार्थवादी लक्ष्य निर्धारित करना और आभार की आदत विकसित करना दृष्टिकोण को बदल सकते हैं और अधिक सहनशील मानसिकता को प्रोत्साहित कर सकते हैं।

सांस्कृतिक और सामाजिक आयाम

सहनशीलता अकेले विकसित नहीं होती। सांस्कृतिक मूल्य और सामाजिक परिवेश इस बात को महत्वपूर्ण रूप से प्रभावित करते हैं कि व्यक्ति प्रतिकूलता पर कैसे प्रतिक्रिया करते हैं और उससे उबरते हैं। व्यक्तिगत व्यवहार और सामाजिक अपेक्षाओं के बीच के संबंध को समझने से सहनशीलता पर गहन अंतर्दृष्टि मिल सकती है, जो सार्वभौमिक सत्य और सांस्कृतिक रूप से विशिष्ट रणनीतियों दोनों को प्रकट करती है।

आधुनिक समय में सहनशीलता का भविष्य

हमारी आधुनिक, तेज़-तर्रार दुनिया में, सहनशीलता पहले से कहीं अधिक महत्वपूर्ण है। डिजिटल युग नई चुनौतियाँ लाता है, जैसे कार्य-जीवन सीमाओं का

धुंधलापन और जानकारी की निरंतर बाढ़। इस नई वास्तविकता को नेविगेट करने के लिए पारंपरिक सहनशीलता निर्माण तकनीकों को अनुकूलित करने और नए युग के लिए प्रासंगिक नई रणनीतियों को विकसित करने की आवश्यकता है।

सहनशीलता की यात्रा को अपनाना

अपनी आंतरिक शक्ति को समझना और विकसित करना एक सतत यात्रा है। प्रतिकूलता को पार करने वाली प्रत्येक कहानी हमारे सहनशीलता की समझ में गहराई की एक परत जोड़ती है। इन कहानियों और उनके सबक को अपनाकर, हम अपनी चुनौतियों का सामना करने के लिए आवश्यक उपकरणों से खुद को सुसज्जित कर सकते हैं। केवल जीवित रहने के बजाय, हम फलने-फूलने की कला सीखते हैं, अपनी आंतरिक शक्ति का उपयोग उद्देश्य और जुनून से भरा जीवन जीने के लिए करते हैं।

"उसने सीखा कि उसकी आवाज़ उसकी शंकाओं की सीमाओं से कहीं अधिक गूंज सकती है। बोलना, उसने महसूस किया, उसकी असली ताकत थी, जो असुरक्षा की फुसफुसाहट को आत्मविश्वास की गर्जना में बदल रही थी।"

3

स्वयं का अनावरण: आत्म-खोज का मार्ग

जीवन की यात्रा में, आत्म-खोज की खोज व्यक्तिगत विकास और प्रबोधन के कथानक में एक केंद्रीय विषय के रूप में खड़ी होती है। यह व्यापक खोज स्वयं को प्रकट करने की जटिलताओं में उतरती है, उन परतों को खोलती है जो हमारी पहचान को बनाती हैं, और हमें एक परिवर्तनकारी मार्ग पर ले जाती हैं जो न केवल प्रकाश प्रदान करता है बल्कि सशक्त भी करता है।

आत्म-खोज का परिचय

आत्म-खोज एक ऐसी यात्रा है जो हमें अपने अस्तित्व के सार की खोज के लिए आमंत्रित करती है। यह हमें अपने विश्वासों पर प्रश्न उठाने, अपने मूल्यों की जांच करने और अपनी पहचान को परिभाषित करने वाले कई पहलुओं का सामना करने के लिए चुनौती देती है। यह प्रक्रिया किसी निश्चित उत्तर को खोजने के बारे में नहीं है, बल्कि अपने आप से एक सतत संवाद में संलग्न होने के बारे में है।

ऐतिहासिक और दार्शनिक दृष्टिकोण

इतिहास के माध्यम से, दार्शनिकों और विचारकों ने आत्म की अवधारणा पर विचार किया है। सुकरात की "स्वयं को जानो" की कहावत से लेकर कार्ल जंग के व्यक्तित्वीकरण के सिद्धांत तक, आत्म-ज्ञान की खोज दार्शनिक विमर्श में एक आवर्ती विषय रही है। ये दृष्टिकोण आत्म-खोज की जटिल प्रक्रिया को समझने के

लिए एक आधार प्रदान करते हैं।

आत्म-खोज पर मनोवैज्ञानिक दृष्टिकोण

मनोविज्ञान आत्म-जागरूकता और आत्म-धारणा के तंत्र में अंतर्दृष्टि प्रदान करता है। आत्म-अवधारणा, आत्म-सम्मान, और आदर्श आत्म जैसे विचार इस बात में महत्वपूर्ण भूमिका निभाते हैं कि व्यक्ति अपनी आंतरिक दुनिया को कैसे नेविगेट करता है। इन शब्दों को समझना आत्म-खोज में मनोवैज्ञानिक बाधाओं की पहचान करने और उन्हें पार करने के लिए उपकरण प्रदान करता है।

जीवन के अनुभवों की भूमिका

हर व्यक्ति की यात्रा उनके जीवन के अनुभवों से अनूठे रूप से आकार लेती है। महत्वपूर्ण उपलब्धियों, असफलताओं, प्रेम, और हानि जैसी घटनाएँ हमारे आत्म-धारणा और हमारी विश्व-दृष्टि पर गहरा प्रभाव डालती हैं। ये अनुभव आत्म-चिंतन के उत्प्रेरक के रूप में कार्य करते हैं, जो हमें अपने मूल्यों और लक्ष्यों का पुनर्मूल्यांकन करने के लिए प्रेरित करते हैं।

आत्म-खोज पर सांस्कृतिक प्रभाव

संस्कृति इस बात पर गहरा प्रभाव डालती है कि हम स्वयं को और अपनी आत्म-खोज की प्रक्रिया को कैसे देखते हैं। हमारी सांस्कृतिक पृष्ठभूमि के मूल्य, मानदंड, और अपेक्षाएँ हमारे विश्वासों और व्यवहारों को आकार देती हैं। संस्कृति के प्रभाव को पहचानना किसी की पहचान की जटिलताओं को समझने और स्वयं का अधिक समग्र दृष्टिकोण विकसित करने के लिए आवश्यक है।

आत्म-खोज को बढ़ाने की तकनीकें

आत्म-खोज की यात्रा को सरल बनाने के लिए कई तकनीकें हैं:

माइंडफुलनेस और ध्यान: ये अभ्यास मन को शांत करने और अपने विचारों और भावनाओं पर चिंतन करने के लिए आवश्यक स्पष्टता प्रदान करने में सहायक हैं।

डायरी लेखन: अपनी अनुभवों और भावनाओं के बारे में नियमित रूप से लिखना व्यक्तिगत पैटर्न और प्रेरणाओं पर अंतर्दृष्टि प्रदान कर सकता है।

थेरेपी और परामर्श: पेशेवर मार्गदर्शन आत्म के गहरे और कभी-कभी अंधेरे पहलुओं को नेविगेट करने में अमूल्य हो सकता है।

कला और रचनात्मकता: रचनात्मक गतिविधियों में भाग लेना अभिव्यक्ति और आत्म-अन्वेषण के लिए एक गैर-मौखिक माध्यम प्रदान करता है।

आत्म-खोज की राह में चुनौतियाँ

आत्म-खोज की राह चुनौतियों से भरी होती है। भावनात्मक असुविधा, परिवर्तन का प्रतिरोध, और अस्तित्ववादी संदेह अक्सर आत्म के अन्वेषण के साथ होते हैं। इसके अतिरिक्त, सामाजिक दबाव व्यक्तियों को प्रामाणिक मार्ग अपनाने से हतोत्साहित कर सकते हैं। इन चुनौतियों को दूर करने के लिए साहस, दृढ़ता, और समुदाय या नेटवर्क का समर्थन आवश्यक है।

आत्म-खोज पर प्रौद्योगिकी का प्रभाव

डिजिटल युग में, प्रौद्योगिकी आत्म-खोज में दोहरी भूमिका निभाती है। जहाँ यह जुड़ाव के उपकरण और जानकारी तक पहुँच प्रदान करती है, वहीं यह ध्यान भटकाने और व्यक्तिगत संपर्कों को कमजोर करने की चुनौतियाँ भी प्रस्तुत करती है। आत्म-खोज की राह पर चलने वालों के लिए इन प्रभावों का संतुलन बनाना महत्वपूर्ण है।

आत्म-खोज की सतत प्रकृति

आत्म-खोज एक गंतव्य नहीं बल्कि एक आजीवन यात्रा है। यह सतत जुड़ाव और नई अंतर्दृष्टि और परिवर्तनों के प्रति खुले रहने की इच्छा की माँग करती है। जैसे-जैसे जीवन विकसित होता है, वैसे-वैसे हमें स्वयं को समझने का तरीका भी बदलना पड़ता है।

यात्रा को अपनाना

यह यात्रा हमारे जीवन को समृद्ध करती है, हमें अधिक स्पष्टता, शांति, और प्रामाणिकता और उद्देश्य के साथ दुनिया को नेविगेट करने के उपकरण प्रदान करती है।

इस यात्रा को अपनाकर, हम न केवल यह समझते हैं कि हम कौन हैं बल्कि एक अधिक जागरूक और पूर्ण जीवन के द्वार भी खोलते हैं। स्वयं का अनावरण करके, हम अपनी नियति को आकार देने और अपने चारों ओर की दुनिया को अर्थपूर्ण तरीकों से प्रभावित करने की शक्ति का पता लगाते हैं।

"उसकी यात्रा दुनिया में खुद को खोजने के बारे में नहीं थी, बल्कि खुद को फिर से बनाने के बारे में थी। प्रत्येक कदम, उसके जीवन के कैनवास पर एक ब्रश स्ट्रोक, सहनशीलता और अनुग्रह के रंगों से उसकी विरासत को चित्रित करता गया।"

4

आवाज की शक्ति: अपनी सच्चाई व्यक्त करना

मानव संवाद के समृद्ध ताने-बाने में, अपने विचारों, विश्वासों और भावनाओं को प्रामाणिक रूप से व्यक्त करने की क्षमता एक शक्तिशाली उपकरण है। यह व्यक्तिगत अभिव्यक्ति और सामाजिक परिवर्तन के बीच गतिशील संबंध की पड़ताल करता है। यह व्यापक विश्लेषण हमारी आवाज़ का उपयोग करने के व्यक्तिगत और सामूहिक निहितार्थों में गहराई से उतरता है, इस बात को रेखांकित करता है कि व्यक्तिगत विकास, सामाजिक न्याय, और वैश्विक आंदोलनों में इसकी परिवर्तनकारी शक्ति कितनी गहन हो सकती है।

आवाज की अवधारणा का परिचय

आवाज, इस संदर्भ में, किसी के आंतरिक विचारों, भावनाओं और विश्वासों की अभिव्यक्ति को संदर्भित करती है। यह व्यक्ति के अद्वितीय दृष्टिकोण और अनुभवों का प्रतीक है। अपनी सच्चाई बोलना केवल विचारों को व्यक्त करने के बारे में नहीं है, बल्कि एक ऐसी दुनिया में अपनी उपस्थिति, मूल्यों और पहचान को स्थापित करने के बारे में है, जो अक्सर एकरूपता की माँग करती है।

ऐतिहासिक संदर्भ और आवाज का विकास

इतिहास में, आवाज की शक्ति सामाजिक मानदंडों को चुनौती देने और समाजों को बदलने की क्षमता में स्पष्ट रूप से दिखाई देती है। प्राचीन ग्रीस के वक्ताओं से लेकर 20वीं सदी की शुरुआत की मताधिकार प्राप्त करने वाली महिलाओं तक, विचारों और जुनून को व्यक्त करने की क्षमता ने सामाजिक परिवर्तनों में महत्वपूर्ण भूमिका निभाई है। प्रत्येक युग यह सिखाता है कि आवाज को कैसे विकसित और उपयोग किया जा सकता है, जो मानव अभिव्यक्ति की सदैव विकसित होती गतिशीलता को दर्शाता है।

आवाज का मनोविज्ञान

मनोवैज्ञानिक रूप से, अपनी सच्चाई बोलना आत्म-सम्मान और पहचान की अवधारणाओं से गहराई से जुड़ा हुआ है। मनोवैज्ञानिक मानते हैं कि खुद को प्रामाणिक रूप से व्यक्त करने का कार्य एक स्वस्थ आत्म-धारणा और आत्म-मूल्य विकसित करने के लिए अनिवार्य है। इसमें संज्ञानात्मक और भावनात्मक प्रक्रियाओं का एक जटिल परस्पर क्रिया शामिल है, जहाँ व्यक्तियों को डर, असुरक्षा और सामाजिक स्वीकृति की इच्छा के बीच नेविगेट करना पड़ता है।

आवाज और पहचान

आवाज का विकास किसी की पहचान के निर्माण का एक महत्वपूर्ण पहलू है। विचारों और भावनाओं की अभिव्यक्ति के माध्यम से व्यक्ति खुद को परिभाषित करते हैं और दुनिया में अपनी जगह स्थापित करते हैं। यह अनुभाग यह पता लगाता है कि लिंग, जाति और संस्कृति जैसे विभिन्न कारक आवाज के विकास को कैसे प्रभावित करते हैं और व्यक्ति प्रणालीगत मौन के बावजूद अपनी आवाज को कैसे पुनः प्राप्त और सशक्त कर सकते हैं।

आवाज व्यक्त करने में बाधाएँ

हालाँकि बोलने का कार्य शक्तिशाली है, कई बाधाएँ व्यक्तियों को ऐसा करने से रोकती हैं। सामाजिक, सांस्कृतिक और मनोवैज्ञानिक बाधाएँ—जैसे निर्णय का डर, दमन, और मौन को गुण के रूप में मानने वाले अंतर्निहित विश्वास—अभिव्यक्ति में बाधा डालते हैं। इन बाधाओं को समझना उन व्यक्तियों

और समुदायों के लिए महत्वपूर्ण है जो अधिक खुले और समावेशी आवाज़ों की अभिव्यक्ति की दिशा में काम कर रहे हैं।

आवाज को खोजने और सशक्त करने की तकनीकें

चिंतनशील अभ्यास: डायरी लेखन या ध्यान जैसे गतिविधियों में संलग्न होना व्यक्तियों को अपने विचारों और भावनाओं को स्पष्ट करने में मदद करता है, जिससे उन्हें दूसरों के साथ व्यक्त करना आसान हो जाता है।

संचार कौशल प्रशिक्षण: कार्यशालाएँ और सेमिनार जो सार्वजनिक बोलने, प्रभावशाली संवाद, और सक्रिय सुनने पर ध्यान केंद्रित करते हैं, किसी की आवाज को प्रभावी ढंग से व्यक्त करने की क्षमता को बढ़ा सकते हैं।

थेरेप्यूटिक हस्तक्षेप: उन लोगों के लिए जिनकी आवाज़ें व्यवस्थित रूप से दबा दी गई हैं, पेशेवर परामर्श इन जटिल बाधाओं को सुलझाने और पार करने में मदद कर सकता है।

आवाज को सशक्त करने में प्रौद्योगिकी की भूमिका

डिजिटल युग में, प्रौद्योगिकी ने आवाज़ों को सुने जाने के तरीके को बदल दिया है। सोशल मीडिया प्लेटफ़ॉर्म, ब्लॉग, और पॉडकास्ट ने अपनी सच्चाई को वैश्विक दर्शकों के साथ साझा करने की क्षमता का लोकतंत्रीकरण किया है। हालाँकि, यह खंड प्रौद्योगिकी द्वारा उत्पन्न चुनौतियों, जैसे गलत सूचना, गूँज कक्ष, और ऑनलाइन उत्पीड़न के संभावित खतरों को भी संबोधित करता है।

वैश्विक आंदोलन और सामूहिक आवाज़

सामूहिक आवाज़ की शक्ति वैश्विक आंदोलनों में स्पष्ट होती है, जैसे नागरिक अधिकार आंदोलन से लेकर समकालीन पहलों जैसे #MeToo और ब्लैक लाइव्स मैटर। ये आंदोलन दिखाते हैं कि सामूहिक आवाज़ें वैश्विक स्तर पर कैसे गूँज सकती हैं, जिससे महत्वपूर्ण सामाजिक और राजनीतिक बदलाव हो सकते हैं।

अपनी आवाज़ की शक्ति को अपनाना

जैसे ही हम आधुनिक दुनिया की जटिलताओं का सामना करना जारी रखते हैं, आवाज की शक्ति न्याय की वकालत करने, परिवर्तन लाने और अधिक समावेशी समाज को बढ़ावा देने में एक महत्वपूर्ण तत्व बनी रहती है।

अपनी आवाज़ों को अपनाकर और अपनी सच्चाई व्यक्त करके, हम बदलाव के ऐसे समवेत स्वर में योगदान करते हैं, जिसमें सीमाओं को पार करने और भविष्य को पुनः परिभाषित करने की शक्ति होती है। अपनी आवाज़ को ढूँढने और उपयोग करने की यात्रा प्रामाणिकता की व्यक्तिगत खोज और एक अधिक न्यायपूर्ण और अभिव्यक्तिपूर्ण दुनिया की ओर सामूहिक कदम दोनों है।

"अपेक्षाओं के बोझ के नीचे, उसने एक अजेय इच्छा को खोजा। वह दबाव जो उसे तोड़ने के लिए था, उसे अडिग हीरा बना दिया, जो उज्ज्वल और मजबूत था।"

5

आत्मा का दर्पण: आत्म-करुणा को अपनाना

मानव अस्तित्व की जटिल यात्रा में, आत्म-करुणा एक महत्वपूर्ण, लेकिन अक्सर अनदेखा किया जाने वाला, मनोवैज्ञानिक स्वास्थ्य और व्यक्तिगत कल्याण का घटक बनकर उभरता है। यह विस्तृत विश्लेषण आत्मा के दर्पण के रूप में आत्म-करुणा की अवधारणा में गहराई से उतरता है, जो हमारी सबसे गहरी आवश्यकताओं और दया और समझ की हमारी अंतर्निहित मानव क्षमता को प्रतिबिंबित करता है।

मनोवैज्ञानिक नींव, व्यावहारिक अनुप्रयोगों और आत्म-करुणा की परिवर्तनकारी शक्ति का गहन विश्लेषण करते हुए, हम यह समझते हैं कि यह न केवल व्यक्तिगत कल्याण को बढ़ाता है, बल्कि हमारे आपसी संबंधों को भी सुदृढ़ करता है।

आत्म-करुणा का परिचय

आत्म-करुणा उस अभ्यास को संदर्भित करती है जिसमें हम दर्द या असफलता के क्षणों में अपने प्रति दयालु और समझदार रहते हैं, बजाय इसके कि खुद पर कठोर आलोचना करें। इसमें अपने साथ उसी तरह से पेश आना शामिल है,

जैसे हम किसी अच्छे मित्र के साथ पेश आते हैं। इस क्षेत्र की अग्रणी शोधकर्ता डॉ. क्रिस्टिन नेफ आत्म-करुणा के तीन मुख्य घटकों की पहचान करती हैं: आत्म-दयालुता, सामान्य मानवता, और माइंडफुलनेस। ये तत्व व्यक्तियों को भावनात्मक संतुलन और एक ऐसा दृष्टिकोण बनाए रखने में मदद करते हैं जो दयालु और सशक्त दोनों है।

आत्म-करुणा का मनोवैज्ञानिक आधार

मनोवैज्ञानिक दृष्टिकोण से, आत्म-करुणा एक ऐसा सुखदायक मरहम हो सकता है जो उपचार करता है और पोषण करता है। यह आत्म-दयालुता की अवधारणा में निहित है, जो आत्म-न्याय और आलोचना की अक्सर गहरी आदत का खंडन करता है। आत्म-करुणा में सामान्य मानवता की भूमिका व्यक्तिगत अनुभवों को दूसरों के साथ जोड़ती है, जिससे अलगाव और परायापन की भावनाएँ कम होती हैं। अंत में, माइंडफुलनेस व्यक्तियों को अपनी स्थिति को पहचानने और स्वीकार करने की अनुमति देती है, बिना अति-परिचय के, जो नकारात्मक भावनाओं के प्रति संतुलित दृष्टिकोण को प्रोत्साहित करता है।

आत्म-करुणा का विकास और संवर्धन

आत्म-करुणा विकसित करने योग्य एक कौशल है, जो एक जन्मजात गुण नहीं है। यह अपने स्वयं के कष्टों को पहचानने और फिर दयालुता और समझ के साथ प्रतिक्रिया देने से शुरू होता है। माइंडफुलनेस मेडिटेशन, स्वयं को दयालु पत्र लिखना, और आत्म-करुणा के मंत्रों का अभ्यास करने जैसी तकनीकें इस गुण को बढ़ा सकती हैं।

इसके अतिरिक्त, मानसिक स्वास्थ्य समस्याओं के उपचार योजनाओं में आत्म-करुणा को शामिल करना चिकित्सकीय महत्व को दर्शाता है।

आत्म-करुणा के रास्ते में बाधाओं को पार करना

इसके लाभों के बावजूद, कई व्यक्तियों के लिए आत्म-करुणा का अभ्यास करना कठिन होता है, जो आत्म-मूल्य के बारे में गहरे विश्वासों या इस डर के कारण होता है कि यह आत्म-लिप्तता या आत्मसंतोष की ओर ले जाएगा। सांस्कृतिक

कारक भी महत्वपूर्ण भूमिका निभाते हैं, क्योंकि ऐसी समाजों में जो स्वतंत्रता और आत्मनिर्भरता को महत्व देते हैं, आत्म-करुणा को कमजोरी के रूप में देखा जा सकता है। इन बाधाओं को संबोधित करने में शिक्षा और आत्म-करुणा को एक ताकत के रूप में पुनः परिभाषित करना शामिल है, जो सहनशीलता और मजबूत मानसिक स्वास्थ्य में योगदान देता है।

आत्म-करुणा और मानसिक स्वास्थ्य

शोध ने बार-बार यह दिखाया है कि आत्म-करुणा सकारात्मक मानसिक स्वास्थ्य परिणामों से दृढ़ता से जुड़ी हुई है, जिसमें चिंता, अवसाद, और तनाव में कमी शामिल है। अपने साथ एक दयालु और अधिक सहानुभूतिपूर्ण संबंध प्रदान करके, आत्म-करुणा जीवन की प्रतिकूलताओं के खिलाफ एक बफर के रूप में कार्य करती है। यह सहनशीलता को बढ़ाती है, जिससे तनाव से उबरने और असफलता को विकास प्रक्रिया का हिस्सा मानने की मानसिकता को बढ़ावा मिलता है।

केस स्टडी और चिकित्सीय अंतर्दृष्टियाँ

वास्तविक जीवन के केस स्टडी को शामिल करते हुए, यह खंड यह बताता है कि विभिन्न पृष्ठभूमियों और जीवन चुनौतियों वाले व्यक्तियों ने आत्म-करुणा को अपने मानसिक और भावनात्मक कल्याण को बढ़ाने के लिए कैसे लागू किया। ये कथाएँ आत्म-करुणा तकनीकों के व्यावहारिक अनुप्रयोग और व्यक्तिगत विकास और पुनर्प्राप्ति पर उनके परिवर्तनकारी प्रभाव को उजागर करती हैं।

दैनिक जीवन में आत्म-करुणा

दैनिक जीवन में आत्म-करुणा के अभ्यास को शामिल करना किसी के जीवन की गुणवत्ता को काफी हद तक बढ़ा सकता है। सरल अभ्यास जैसे माइंडफुल श्वास लेना, बिना निर्णय के अपनी भावनाओं को स्वीकार करना, और जानबूझकर खुद के प्रति दयालुता का निर्देश देना दैनिक दिनचर्या में एकीकृत किया जा सकता है। इसके अलावा, सीमाएँ निर्धारित करना और ना कहना सीखना भी आत्म-करुणा वाले व्यवहार को दर्शाता है, जो स्वस्थ तरीके से अपनी आवश्यकताओं को प्राथमिकता देता है।

आत्म-करुणा पर सांस्कृतिक दृष्टिकोण

विभिन्न संस्कृतियाँ आत्म-करुणा को कैसे देखती हैं और इसका अभ्यास करती हैं, यह समझना इस अभ्यास के सार्वभौमिक और सांस्कृतिक रूप से विशिष्ट आयामों पर मूल्यवान अंतर्दृष्टि प्रदान करता है। जहाँ पश्चिमी संस्कृतियाँ आत्म-करुणा के मनोवैज्ञानिक पहलुओं पर जोर देती हैं, वहीं पूर्वी परंपराएँ इसे एक व्यापक आध्यात्मिक ढांचे के भीतर एकीकृत करती हैं, इसके समग्र स्वभाव को उजागर करती हैं।

आत्म-करुणा को अपनाना

आत्म-करुणा को अपनाने से इस बात पर गहरा प्रभाव पड़ता है कि हम अपने साथ और दूसरों के साथ कैसे जुड़ते हैं। जैसे-जैसे हम अपनी खामियों और कठिनाइयों का सामना दयालुता और समझ के साथ करना सीखते हैं, हम न केवल खुद को ठीक करते हैं बल्कि दुनिया में करुणा की लहरें भी पैदा करते हैं।

यह यात्रा हमारी आंतरिक प्रकृति की ओर एक वापसी और अधिक सहानुभूतिपूर्ण और जुड़ी हुई अस्तित्व की ओर एक कदम दोनों है।

"वह अपनी ही तूफानों की बारिश में नृत्य करती थी, अपनी खामियों को खुले हाथों से अपनाती थी। अपनी अपूर्णताओं में, उसने अपनी सच्ची सुंदरता को पाया, जो अद्वितीय और अद्वितीय थी।"

6

बहनचारे का बंधन: सहायक समुदायों का निर्माण

मानव संबंधों की विस्तृत मोज़ेक में, बहनचारे के बंधन अपनी सहानुभूति, विश्वास और आपसी समर्थन के अद्वितीय मिश्रण के लिए अलग पहचान रखते हैं। ये बंधन उन समुदायों की नींव बनाते हैं जो व्यक्तिगत विकास, सामाजिक सहनशीलता और सामूहिक सशक्तिकरण को बढ़ावा देते हैं।

बहनचारे का परिचय

बहनचारा जैविक बहनों के बीच के संबंधों से परे जाकर महिला संबंधों की एक व्यापक श्रृंखला को शामिल करता है, जो एकजुटता और आपसी समर्थन से युक्त होता है। इस संदर्भ में, बहनचारा व्यक्तिगत और राजनीतिक बंधन दोनों है, जो महिलाओं के सामाजिक नेटवर्क में एक मौलिक तत्व बनता है और समर्थन प्रदान करता है, सहनशीलता को बढ़ावा देता है, और सामाजिक परिवर्तन को प्रेरित करता है।

बहनचारे का ऐतिहासिक संदर्भ

बहनचारे की अवधारणा की गहरी ऐतिहासिक जड़ें हैं, जहाँ महिलाएँ परस्पर

सहायता और सुरक्षा के लिए एकत्रित होती थीं। विभिन्न संस्कृतियों में, महिलाओं ने सिलाई समूह, सहकारी रसोई, और साहित्यिक सैलून जैसे स्थान बनाए, जो ज्ञान साझा करने, भावनात्मक समर्थन प्रदान करने, और सामूहिक क्रियाओं की योजना बनाने के लिए समर्पित थे। मताधिकार आंदोलन और बाद की नारीवादी लहरों ने महिलाओं के अधिकारों और सामाजिक सुधारों के लिए बहनचारे के महत्व पर जोर दिया।

बहनचारे के मनोवैज्ञानिक और सामाजिक लाभ

मनोवैज्ञानिक रूप से, बहनचारे के बंधन जुड़ाव और आत्मीयता की मूलभूत मानवीय आवश्यकता को पूरा करते हैं। सामाजिक समर्थन नेटवर्क मानसिक स्वास्थ्य के लिए महत्वपूर्ण हैं, तनाव के खिलाफ एक ढाल प्रदान करते हैं और सुरक्षा और आत्म-सम्मान की भावना को बढ़ाते हैं। समुदायों के भीतर बहनचारे संसाधनों, सूचनाओं, और भावनात्मक समर्थन के आदान-प्रदान को सुगम बनाते हैं, जिससे उनके सदस्यों की समग्र भलाई में सुधार होता है।

सहायक बहनचारे समुदायों की आधारशिला

सहायक बहनचारे समुदाय बनाने में कई प्रमुख घटक शामिल हैं:

विश्वास और सुरक्षा: विश्वास किसी भी मजबूत संबंध की नींव है। महिलाओं के लिए अपने अनुभवों और कमजोरियों को साझा करने में सहज महसूस करने के लिए एक सुरक्षित, गोपनीय, और बिना निर्णय का स्थान स्थापित करना महत्वपूर्ण है।

साझा लक्ष्य और मूल्य: बहनचारे विविध रुचियों और उद्देश्यों के आसपास बन सकते हैं, लेकिन सबसे मजबूत बंधन अक्सर साझा लक्ष्यों या मूल्यों से विकसित होते हैं, जैसे महिलाओं के अधिकारों की वकालत, पेशेवर विकास, या व्यक्तिगत वृद्धि।

समावेशिता और विविधता: प्रभावी बहनचारे विविधता और समावेशिता को अपनाते हैं, विविध अनुभवों और पृष्ठभूमियों में निहित ताकत को पहचानते हैं। यह दृष्टिकोण समुदाय को समृद्ध करता है और इसके सदस्यों का विभिन्न

पहलुओं में समर्थन करने की क्षमता को बढ़ाता है।

सहानुभूति और आपसी समर्थन: सहानुभूति दूसरों की भावनाओं को समझने और साझा करने की क्षमता है, जो बहनचारे में महत्वपूर्ण है। आपसी समर्थन में मदद, सलाह, और प्रोत्साहन देना और प्राप्त करना शामिल है।

बहनचारे को बढ़ावा देने में चुनौतियाँ

फायदे के बावजूद, बहनचारे का निर्माण और बनाए रखना कई चुनौतियों का सामना करता है:

व्यक्तिगत संघर्ष: किसी भी रिश्ते की तरह, बहनचारे संघर्षों के प्रति संवेदनशील हो सकते हैं। समुदाय के स्वास्थ्य के लिए परिपक्वता और खुलेपन के साथ विवादों को संभालना महत्वपूर्ण है।

विशेषता और समूहवाद: कभी-कभी, समूह विशिष्ट हो सकते हैं, जिससे प्रवेश में बाधाएँ उत्पन्न होती हैं और बाहरी लोगों में अलगाव या हाशिए की भावना हो सकती है।

व्यक्तित्व और सामूहिक पहचान का संतुलन: जबकि सामूहिक पहचान को बढ़ावा देना महत्वपूर्ण है, व्यक्तिगत मतभेदों का सम्मान करना और समूह के भीतर व्यक्तिगत अभिव्यक्ति की अनुमति देना भी आवश्यक है।

सफल बहनचारे पहलों के उदाहरण

महिलाओं के लिए पेशेवर नेटवर्क: "लीन इन" जैसे संगठन महिलाओं को पेशेवर संदर्भों में जुड़ने, अनुभव साझा करने, और एक-दूसरे का समर्थन करने के लिए एक मंच प्रदान करते हैं।

ऑनलाइन समुदाय: डिजिटल प्लेटफ़ॉर्म ने वैश्विक बहनचारे नेटवर्क के निर्माण को सक्षम किया है, जिससे महिलाओं को भौगोलिक सीमाओं के पार जुड़ने का अवसर मिलता है।

स्थानीय समर्थन समूह: कई समुदायों में ऐसे जमीनी संगठन हैं जो स्वास्थ्य समस्याओं, पालन-पोषण, और करियर परिवर्तन सहित विभिन्न जीवन चुनौतियों के दौरान महिलाओं का समर्थन करते हैं।

बहनचारे समुदायों में प्रौद्योगिकी की भूमिका

प्रौद्योगिकी आधुनिक बहनचारे में एक महत्वपूर्ण भूमिका निभाती है, जिससे महिलाएँ सोशल मीडिया, फोरम, और अन्य डिजिटल प्लेटफ़ॉर्म के माध्यम से जुड़ सकती हैं। जबकि इसने बहनचारे समुदायों की पहुँच और उपलब्धता का विस्तार किया है, यह डिजिटल विभाजन और डिजिटल साक्षरता की आवश्यकता जैसी चुनौतियाँ भी प्रस्तुत करता है।

बहनचारे का भविष्य

जैसे-जैसे समाज प्रगति करता है, बहनचारे के बंधन विकसित होते रहेंगे। इन संबंधों में न केवल व्यक्तिगत सदस्यों का समर्थन करने की क्षमता है, बल्कि महत्वपूर्ण सामाजिक परिवर्तन लाने की भी क्षमता है। विश्वास, समर्थन, और आपसी सम्मान के वातावरण को बढ़ावा देकर, बहनचारे महिलाओं को सशक्त बनाते हैं और समुदायों को मजबूत करते हैं।

सामाजिक और आर्थिक चुनौतियों का सामना करते हुए, इन बंधनों की आवश्यकता पहले से कहीं अधिक स्पष्ट है, उन्हें पोषित और बनाए रखने के लिए जानबूझकर प्रयासों की माँग है।

सहायक बहनचारे समुदायों का निर्माण और उन्हें बनाए रखने की यात्रा जटिल और गतिशील है। इसमें बदलती परिस्थितियों और जरूरतों के प्रति निरंतर प्रयास, प्रतिबद्धता, और अनुकूलन की आवश्यकता होती है।

हालाँकि, गहरे संबंधों, साझा वृद्धि, और सामूहिक सशक्तिकरण के रूप में इनाम अत्यधिक है, जो हर कदम को सार्थक बनाता है। इन बंधनों को पोषित करके, हम न केवल अपने जीवन को समृद्ध करते हैं बल्कि एक अधिक न्यायसंगत और सुसंगत समाज में योगदान भी करते हैं।

☙❧

"रास्ता कभी सीधा होने के लिए नहीं था। हर गिरावट के साथ, वह और ऊँचा उठी, बाधाओं को सीढ़ियों के रूप में देखती, जो उसे उसकी अपनी महत्वाकांक्षाओं की चोटी तक ले जाती।"

૭૭

7

बंधन तोड़ना: सामाजिक अपेक्षाओं से मुक्ति

एक ऐसी दुनिया में जहाँ मानदंड और अपेक्षाएँ हावी हैं, स्वयं को इन सीमाओं से परे परिभाषित करने की खोज एक बड़ी चुनौती और एक मुक्तिदायक अवसर प्रस्तुत करती है। "बंधन तोड़ना: सामाजिक अपेक्षाओं से मुक्ति" व्यक्ति की पहचान और सामाजिक मानदंडों के बीच जटिल संबंध की पड़ताल करता है, यह दिखाता है कि इन अपेक्षाओं से व्यक्तिगत मुक्ति कैसे गहन व्यक्तिगत और सामाजिक परिवर्तन ला सकती है।

परिचय

सामाजिक अपेक्षाएँ वे अनलिखित नियम हैं जो उम्र, लिंग, जाति, सामाजिक वर्ग, और अन्य कारकों के आधार पर यह निर्धारित करती हैं कि व्यक्तियों को कैसे व्यवहार करना चाहिए। ये मानदंड जहाँ व्यवस्था और पूर्वानुमान की भावना प्रदान कर सकते हैं, वहीं अक्सर व्यक्तित्व और रचनात्मकता को दबा देते हैं, जिससे व्यक्तिगत इच्छाओं और सामाजिक दबावों के बीच संघर्ष उत्पन्न होता है।

ऐतिहासिक संदर्भ

इतिहास में, सामाजिक मानदंडों को चुनौती देने और पुनर्परिभाषित करने का साहस दिखाने वालों ने बड़े बदलाव लाए हैं। महिलाओं के अधिकारों के लिए संघर्ष करने वाली मताधिकारवादी महिलाओं से लेकर समानता की माँग करने

वाले नागरिक अधिकार कार्यकर्ताओं तक, इतिहास उन आंदोलनों से भरा हुआ है जिन्होंने गहरे जमे हुए सामाजिक मानदंडों को बदलने का प्रयास किया। ये ऐतिहासिक परिवर्तन व्यक्तियों की स्वायत्तता और सामाजिक प्रतिबंधों के बीच चल रही लड़ाई को उजागर करते हैं।

सामाजिक अपेक्षाओं का मनोवैज्ञानिक प्रभाव

सामाजिक अपेक्षाओं का व्यक्तिगत मनोविज्ञान पर गहरा प्रभाव पड़ता है। जब व्यक्तियों को उन सामाजिक मानकों के अनुरूप होने के लिए मजबूर किया जाता है जो उनकी व्यक्तिगत मान्यताओं या इच्छाओं से मेल नहीं खाते, तो यह गंभीर मनोवैज्ञानिक संकट पैदा कर सकता है। अवसाद, चिंता, और कम आत्म-सम्मान जैसी स्थितियाँ अक्सर बाहरी मानकों के अनुरूप होने के दबाव से और बढ़ जाती हैं।

सामाजिक अपेक्षाओं में पहचान की भूमिका

पहचान सामाजिक अपेक्षाओं के साथ व्यक्तियों के व्यवहार में एक महत्वपूर्ण भूमिका निभाती है। पहचान का निर्माण एक जटिल प्रक्रिया है, जो परिवार, संस्कृति, और व्यक्तिगत अनुभवों सहित विभिन्न कारकों से प्रभावित होती है। कई लोगों के लिए, पहचान एक ऐसा क्षेत्र बन जाता है जहाँ व्यक्तिगत इच्छाएँ और सामाजिक मानदंड टकराते हैं, जिससे आत्म-परिभाषा की प्रक्रिया चुनौतीपूर्ण हो जाती है।

सामाजिक अपेक्षाओं से मुक्त होना

सीमाओं की पहचान और समझ

सामाजिक अपेक्षाओं से मुक्त होने का पहला कदम समाज द्वारा लगाई गई सीमाओं की पहचान और समझ है। इसमें जीवन के विभिन्न पहलुओं को प्रभावित करने वाले मानदंडों की गहन जांच शामिल है, जैसे करियर विकल्प, व्यक्तिगत संबंध, और आत्म-अभिव्यक्ति।

आत्म-जागरूकता की शक्ति

आत्म-जागरूकता सामाजिक मानदंडों से मुक्त होने की खोज में एक महत्वपूर्ण उपकरण है। अपने मूल्यों, लक्ष्यों, और इच्छाओं की गहरी समझ विकसित करके, व्यक्ति ऐसे चुनाव कर सकते हैं जो बाहरी अपेक्षाओं के बजाय उनके सच्चे स्वभाव के अधिक निकट हों।

कार्यवाही के माध्यम से मानदंडों को चुनौती देना

परिवर्तन के लिए कार्यवाही आवश्यक है। इसमें व्यक्तिगत विकल्प शामिल हो सकते हैं जो व्यक्तित्व को स्थापित करते हैं या बड़े, सामूहिक कार्य जो सामाजिक मानदंडों को बदलने का प्रयास करते हैं। सक्रियता, वकालत, और प्रामाणिक रूप से जीवन जीना, सभी सामाजिक अपेक्षाओं को चुनौती देने और बदलने के शक्तिशाली तरीके हो सकते हैं।

व्यक्तिगत कार्यों के माध्यम से सामाजिक परिवर्तन

व्यक्तिगत कार्य व्यापक सामाजिक परिवर्तनों को जन्म दे सकते हैं। जब लोग सामूहिक रूप से प्रतिबंधात्मक मानदंडों को अस्वीकार करना और अधिक समावेशी मानकों की वकालत करना शुरू करते हैं, तो समाज बड़े पैमाने पर अधिक लचीली और अनुकूलनशील अपेक्षाओं की ओर बढ़ सकता है।

विरोध का सामना करने की रणनीतियाँ

सामाजिक मानदंडों को तोड़ने का प्रतिरोध सामान्य है। इससे निपटने की रणनीतियों में समान विचारधारा वाले समुदायों से समर्थन प्राप्त करना, व्यक्तिगत कल्याण पर ध्यान केंद्रित करना, और अनुचित आलोचना के अनुरूप हुए बिना रचनात्मक प्रतिक्रिया का उपयोग करना शामिल हो सकता है।

शिक्षा और संवाद की भूमिका

शिक्षा सामाजिक अपेक्षाओं को बदलने में एक महत्वपूर्ण भूमिका निभाती है। एक ऐसा वातावरण बढ़ावा देकर जहाँ विविध आवाज़ों को सुना और सम्मानित किया जाता है, शिक्षा आलोचनात्मक सोच और सहानुभूति को प्रोत्साहित कर सकती है, जिससे सामाजिक मानदंडों से भटकने से जुड़ा कलंक कम हो सकता है।

एक नए प्रतिमान को अपनाना

सामाजिक अपेक्षाओं से मुक्त होने की यात्रा केवल व्यक्तिगत मुक्ति के बारे में नहीं है—यह एक सांस्कृतिक बदलाव में योगदान देने के बारे में है जो विविधता और प्रामाणिकता को एकरूपता से अधिक महत्व देता है। अपनी पहचान अपनाकर और दूसरों को भी ऐसा करने में समर्थन देकर, हम सामूहिक रूप से एक ऐसे समाज का निर्माण कर सकते हैं जो मानव विविधता को बाँधने के बजाय उसका उत्सव मनाए।

"उसके सपने केवल इच्छाओं के प्रतिबिंब नहीं थे, बल्कि उसके वास्तविकता के खाके थे। उसने अपने भविष्य का निर्माण धैर्य की ईंटों से किया, जिसे सफलता की इच्छा ने मजबूती दी।"

8

भावनात्मक बुद्धिमत्ता को अपनाना: जीवन के प्रवाह को साधना

भावनात्मक बुद्धिमत्ता (Emotional Intelligence या EI) एक शक्तिशाली उपकरण है जो हमारे संवाद, निर्णय, और जीवन की राह को आकार देता है। अपनी भावनाओं को समझना और प्रबंधित करना, दूसरों की भावनाओं को पहचानना, और इस जागरूकता का उपयोग अपने विचारों और कार्यों का मार्गदर्शन करने के लिए भावनात्मक बुद्धिमत्ता के स्तंभ हैं। यह विस्तृत विश्लेषण दिखाता है कि कैसे EI का उपयोग व्यक्तिगत और पेशेवर जीवन की जटिलताओं को समझने, संबंधों को सुधारने, और व्यक्तिगत विकास और सफलता प्राप्त करने के लिए किया जा सकता है।

भावनात्मक बुद्धिमत्ता का परिचय

भावनात्मक बुद्धिमत्ता की अवधारणा 1990 के दशक में प्रमुखता से उभरी, जिसका नेतृत्व मनोवैज्ञानिक पीटर सोलोवे और जॉन मेयर ने किया और जिसे बाद में डैनियल गोलेमैन ने लोकप्रिय बनाया। EI में कई प्रमुख कौशल शामिल हैं: आत्म-जागरूकता, आत्म-नियमन, प्रेरणा, सहानुभूति, और सामाजिक कौशल। ये सभी घटक न केवल यह निर्धारित करते हैं कि हम अपनी भावनाओं को कितनी अच्छी तरह समझते और प्रबंधित करते हैं, बल्कि यह भी कि हम दूसरों के साथ

कितनी प्रभावी ढंग से संवाद करते हैं।

भावनात्मक बुद्धिमत्ता के घटक

आत्म-जागरूकता

आत्म-जागरूकता अपने भावनाओं, शक्तियों, कमजोरियों, और प्रेरणाओं की स्पष्ट समझ को संदर्भित करती है। यह इस बात को पहचानने के बारे में है कि आपकी भावनाएँ आपको, आपके प्रदर्शन, और आपके संवाद को कैसे प्रभावित करती हैं। यह आत्म-ज्ञान अन्य EI कौशल विकसित करने के लिए अत्यंत महत्वपूर्ण है।

आत्म-नियमन

आत्म-नियमन का अर्थ है अपनी भावनाओं को स्वस्थ तरीके से प्रबंधित करना, नियंत्रण और अनुकूलता बनाए रखना, और अपने व्यवहार को सकारात्मक रूप से निर्देशित करना। इसका मतलब है आवेगपूर्ण भावनाओं और परेशान करने वाली भावनाओं को अच्छी तरह से प्रबंधित करना, और दबाव में भी शांत और केंद्रित रहना।

प्रेरणा

आंतरिक प्रेरणा EI का एक और महत्वपूर्ण पहलू है। यह ऊर्जा और दृढ़ता के साथ अपने लक्ष्यों को आगे बढ़ाने की इच्छा से संबंधित है। उच्च स्तर की EI वाले लोग मजबूत आत्म-प्रेरणा रखते हैं, जिसमें सीखने की रुचि, ऊर्जा के साथ लक्ष्यों का पीछा करने की प्रवृत्ति, और सफलता प्राप्त करने की तीव्र प्रेरणा शामिल है।

सहानुभूति

सहानुभूति का अर्थ है अन्य लोगों की भावनात्मक स्थिति को समझने की क्षमता। यह केवल उनकी भावनाओं को पहचानने के बारे में नहीं है, बल्कि उनके दृष्टिकोण को समझने और इस ज्ञान का उपयोग प्रभावी और सम्मानजनक ढंग से संवाद करने के लिए करना भी है।

सामाजिक कौशल

अच्छे सामाजिक कौशल EI के सभी अन्य कौशल का सम्मिलित परिणाम हैं,

जिससे रिश्तों को प्रभावी ढंग से प्रबंधित करना, नेटवर्क का निर्माण करना, और एक सामान्य आधार ढूँढ़ना और तालमेल स्थापित करना संभव होता है।

व्यक्तिगत जीवन में भावनात्मक बुद्धिमत्ता का महत्व

भावनात्मक बुद्धिमत्ता तनाव को संभालने, निर्णय लेने, और बदलावों को नेविगेट करने की हमारी क्षमता को गहराई से प्रभावित करती है। व्यक्तिगत संबंधों में, EI प्रभावी और सहानुभूतिपूर्ण संवाद के लिए महत्वपूर्ण है, जो गहरे संबंधों को बढ़ावा देता है और संघर्षों से बचाता है।

संबंधों में भावनात्मक बुद्धिमत्ता
हर मजबूत रिश्ते के केंद्र में दूसरों को समझने और उनसे सहानुभूति रखने की क्षमता होती है। भावनात्मक बुद्धिमत्ता इस समझ को सुविधाजनक बनाती है और परिवार, दोस्तों, या रोमांटिक साझेदारों के साथ व्यक्तिगत बातचीत की गहराई और संतोष को काफी हद तक बढ़ा सकती है।

जीवन की चुनौतियों का सामना करना
उच्च भावनात्मक बुद्धिमत्ता वाले व्यक्ति जीवन के उतार-चढ़ाव को बेहतर ढंग से नेविगेट कर सकते हैं। वे चिंता, अवसाद, और तनाव से निपटने के लिए बेहतर तंत्र रखते हैं, जिससे वे व्यक्तिगत विपरीतताओं के सामने अधिक सहनशील बनते हैं।

कार्यस्थल में भावनात्मक बुद्धिमत्ता को बढ़ाना

नेतृत्व

उच्च EI वाले नेता अपने कर्मचारियों की भावनात्मक स्थिति को पहचान सकते हैं, जिससे उन्हें प्रेरित करने और नौकरी के प्रदर्शन में सुधार करने में मदद मिलती है। वे संघर्ष समाधान में निपुण होते हैं, कार्य-संबंधी तनाव को प्रभावी ढंग से प्रबंधित करते हैं, और दूसरों को अधिक दक्षता प्राप्त करने के लिए प्रेरित करते हैं।

टीमवर्क

भावनात्मक रूप से बुद्धिमान सदस्यों वाली टीमें बेहतर सहयोग, कम संघर्ष, और

बेहतर समस्या समाधान क्षमताओं का प्रदर्शन करती हैं। EI टीम की गतिशीलता की समझ और समूह के भावनात्मक माहौल के प्रभावी प्रबंधन को बढ़ावा देता है।

भावनात्मक बुद्धिमत्ता विकसित करने की रणनीतियाँ

माइंडफुलनेस और चिंतन: माइंडफुलनेस का अभ्यास आत्म-जागरूकता में सुधार करता है। अपनी बातचीत और प्रतिक्रियाओं पर चिंतन करना भावनात्मक पैटर्न को समझने में मदद करता है।

प्रतिक्रिया: दूसरों से रचनात्मक प्रतिक्रिया प्राप्त करना यह समझने में अंतर्दृष्टि प्रदान कर सकता है कि आपकी भावनाएँ आपके व्यवहार को कैसे प्रभावित करती हैं और अन्य लोग आपको कैसे देखते हैं।

भावनात्मक विनियमन तकनीकें: गहरी साँस लेने, ध्यान, या संज्ञानात्मक पुनर्गठन जैसी तकनीकों को सीखकर भावनात्मक प्रतिक्रियाओं को प्रभावी ढंग से प्रबंधित और नियंत्रित करना।

सहानुभूति अभ्यास: दूसरों के दृष्टिकोण से स्थितियों को देखने का प्रयास करना। इसमें सक्रिय सुनना शामिल हो सकता है, जहाँ ध्यान पूरी तरह से वक्ता पर होता है, बिना तुरंत प्रतिक्रिया बनाने के।

संचार कौशल: अपने संचार कौशल को बेहतर बनाना व्यक्तिगत और पेशेवर रिश्तों दोनों को सुधार सकता है, बेहतर बातचीत और समझ को सुगम बना सकता है।

भावनात्मक बुद्धिमत्ता की आजीवन यात्रा

भावनात्मक बुद्धिमत्ता एक स्थिर गुण नहीं है, बल्कि कौशलों का एक ऐसा समूह है जिसे जीवन भर विकसित और बेहतर बनाया जा सकता है। अपनी भावनात्मक बुद्धिमत्ता में निवेश करके, हम संबंधों, पेशेवर वातावरण, और व्यक्तिगत चुनौतियों की जटिलताओं को अधिक प्रभावी ढंग से संभालने के लिए खुद को तैयार करते हैं। EI को अपनाने से हमें सहनशीलता, सहानुभूति, और खुद और दूसरों के प्रति गहरी समझ के साथ जीवन के प्रवाह को साधने में मदद मिलती

है। इस प्रकार, EI को बेहतर बनाने की यात्रा अत्यंत फायदेमंद है, जो जीवन के विभिन्न क्षेत्रों में व्यक्तिगत संतोष और सफलता का मार्ग प्रशस्त करती है।

"अपने एकांत की शांति में, उसने अपनी सबसे शक्तिशाली सहयोगी को पाया: अपनी स्वयं की बुद्धि। वहाँ, उस मौन में, उसने अपनी गहनतम सोच से संवाद किया, और उसकी आत्मा ने अनछुए शक्ति के रहस्य फुसफुसाए।"

೧౨

9

मंच पर: परिवर्तन का नेतृत्व करती महिलाएँ

इतिहास के माध्यम से, महिलाओं ने सामाजिक परिवर्तन का नेतृत्व करने में महत्वपूर्ण भूमिका निभाई है, अक्सर विपरीत परिस्थितियों का सामना करते हुए। आज, नेतृत्व में महिलाओं का प्रभाव राजनीतिक, आर्थिक, और सामाजिक क्षेत्रों में फैला हुआ है, जो वैश्विक स्तर पर परिवर्तनकारी प्रभाव पैदा कर रहा है। यह अध्याय न केवल उनकी उपलब्धियों का उत्सव मनाता है, बल्कि उनके द्वारा सामना की जाने वाली अनूठी चुनौतियों, उनकी सहनशक्ति, और उनके द्वारा निर्मित भविष्य की भी पड़ताल करता है

परिचय

नेतृत्व भूमिकाओं में महिलाओं की उपस्थिति को अक्सर सामाजिक प्रगति के सूचक के रूप में देखा जाता है। प्रणालीगत बाधाओं का सामना करने के बावजूद, महिला नेता हर क्षेत्र में उभरी हैं, समानता, न्याय, और समावेशी शासन की वकालत करती हैं। उनका नेतृत्व शैली, जो अक्सर सहयोगात्मक और परिवर्तनकारी होती है, हमारे समय की चुनौतियों के लिए नए दृष्टिकोण और नवाचार लेकर आती है।

ऐतिहासिक दृष्टि

महिलाओं के नेतृत्व ने सदियों के दौरान काफी विकास किया है। प्राचीन

सभ्यताओं की रानियों और राजनीतिक नेताओं से लेकर 19वीं और 20वीं सदी की शुरुआत की मताधिकारवादी महिलाओं तक, महिलाओं ने हमेशा इतिहास की धारा को प्रभावित किया है। हालाँकि, 20वीं सदी के उत्तरार्ध तक महिलाओं ने आधुनिक लोकतंत्रों में महत्वपूर्ण राजनीतिक पद प्राप्त करना शुरू नहीं किया था। यह खंड महिलाओं के नेतृत्व की ऐतिहासिक यात्रा को दर्शाता है और उनके आधुनिक प्रभाव को समझने की भूमिका तैयार करता है।

महिलाओं के नेतृत्व के मनोवैज्ञानिक और समाजशास्त्रीय पहलू

महिलाएँ नेतृत्व की भूमिकाओं में अक्सर कौशल और दृष्टिकोण का एक अलग समूह लाती हैं। शोध से पता चलता है कि महिला नेता उच्च स्तर की सहानुभूति और समावेशिता प्रदर्शित करती हैं। यह खंड यह खोजता है कि ये गुण उनके निर्णय लेने की प्रक्रियाओं और नेतृत्व शैली को कैसे प्रभावित करते हैं, और समाज सत्ता में महिलाओं को कैसे देखता और प्रतिक्रिया करता है, जिसमें रूढ़िवादी खतरों और दोहरी बाधा दुविधा की चुनौतियाँ शामिल हैं।

बाधाओं को तोड़ना: महिला नेताओं द्वारा सामना की जाने वाली चुनौतियाँ

प्रगति के बावजूद, महिला नेताओं को अब भी कई चुनौतियों का सामना करना पड़ता है:

लैंगिक पूर्वाग्रह और भेदभाव: नेतृत्व की भूमिकाओं में उठने में महिलाओं को अक्सर प्रणालीगत बाधाओं का सामना करना पड़ता है, जिसमें आवश्यक नेटवर्क और मेंटरशिप की कमी शामिल है।

कार्य-जीवन संतुलन: पेशेवर भूमिकाओं और पारंपरिक घरेलू जिम्मेदारियों दोनों को प्रबंधित करने की अपेक्षा महिलाओं पर अतिरिक्त तनाव डाल सकती है।

अपर्याप्त प्रतिनिधित्व: शीर्ष नेतृत्व भूमिकाओं में महिलाओं का कम प्रतिनिधित्व असमानता के एक चक्र को बनाए रखता है और भविष्य की पीढ़ियों के लिए आदर्श प्रस्तुत करने वालों को सीमित करता है।

महिला नेतृत्व का प्रभाव और परिणाम

नेतृत्व की भूमिकाओं में महिलाओं का प्रभाव गहरा और व्यापक है। यह खंड नीति-निर्माण, कॉर्पोरेट शासन, सामाजिक मुद्दों, और पर्यावरणीय प्रबंधन में महिला नेताओं द्वारा लाए गए ठोस परिवर्तनों का मूल्यांकन करता है। यह दिखाता है कि महिला नेतृत्व ने स्वास्थ्य, शिक्षा, और लैंगिक समानता पर नीतियों को कैसे प्रभावित किया है और व्यवसायों में टिकाऊ प्रथाओं को कैसे बढ़ावा दिया है।

महिला नेताओं का समर्थन करने की रणनीतियाँ

नेतृत्व पदों में महिलाओं की संख्या बढ़ाने और उनका समर्थन करने के लिए संगठित प्रयासों की आवश्यकता है:

शैक्षिक और पेशेवर विकास: युवा लड़कियों और महिलाओं में नेतृत्व कौशल को बढ़ावा देने वाले कार्यक्रम।

नीति परिवर्तन: ऐसे नीतियों को लागू करना जो सभी लिंगों के लिए समान अवसर सुनिश्चित करती हैं, जैसे लैंगिक कोटा, समान वेतन कानून, और माता-पिता की छुट्टी नीतियाँ।

नेटवर्किंग और मेंटरशिप: उभरती महिला नेताओं को मेंटरों और समकक्षों से जोड़ने वाले प्लेटफ़ॉर्म बनाना।

भविष्य की दिशा

भविष्य की ओर देखते हुए, महिला नेताओं के लिए रास्ता केवल चल रही चुनौतियों का समाधान करने के बारे में नहीं है, बल्कि वर्तमान उपलब्धियों की गति का उपयोग करके आने वाली पीढ़ियों को प्रेरित और सक्षम बनाना भी है। यह खंड वैश्विक स्तर पर नेतृत्व भूमिकाओं में महिलाओं के प्रभाव को बनाए रखने और विस्तार करने के लिए संभावित रणनीतियों को रेखांकित करता है।

महिलाओं के नेतृत्व का कथानक केवल व्यक्तिगत सफलता की कहानियों के बारे में नहीं है; यह सामाजिक संरचनाओं को अधिक समान और न्यायपूर्ण बनाने के

बारे में है। जैसे-जैसे अधिक महिलाएँ नेतृत्व की भूमिकाएँ अपनाती हैं और उनमें सफल होती हैं, वे पूरे समाज के लिए लाभकारी प्रभाव पैदा करती हैं, यह प्रदर्शित करते हुए कि जब महिलाएँ नेतृत्व करती हैं, तो वे न केवल खेल के नियमों को बदलती हैं, बल्कि यह भी तय करती हैं कि खेल में कौन विजयी होता है।

"उसने खुद को आत्म-प्रेम के कवच में लपेट लिया, आलोचना और संदेह के तीरों को परे धकेलते हुए। अपनी आत्म-स्वीकृति में, उसने दुनिया के कठोर निर्णयों के खिलाफ एक अटूट ढाल पाई।"

10

चिकित्सात्मक यात्रा: आघात और दर्द को पार करना

आघात और दर्द ऐसे सार्वभौमिक अनुभव हैं जो किसी व्यक्ति के जीवन के हर पहलू को गहराई से प्रभावित कर सकते हैं। फिर भी, इन चुनौतियों के भीतर गहन व्यक्तिगत विकास और परिवर्तन की संभावनाएँ छिपी होती हैं। यह अध्याय आघात के तंत्र, उपचार की रणनीतियों, और उन लोगों की कहानियों में अंतर्दृष्टि प्रदान करता है जिन्होंने इस यात्रा को सफलतापूर्वक पूरा किया है।

परिचय

आघात और दर्द को पार करने की यात्रा गहराई से व्यक्तिगत होती है और एक व्यक्ति से दूसरे व्यक्ति तक व्यापक रूप से भिन्न होती है। आघात कई स्रोतों से उत्पन्न हो सकता है: हिंसा, हानि, या चोट जैसे व्यक्तिगत अनुभवों से लेकर प्राकृतिक आपदाओं या सामाजिक हिंसा जैसे सामूहिक अनुभवों तक। इससे उत्पन्न दर्द भी उतना ही बहुआयामी हो सकता है, जो भावनात्मक, मनोवैज्ञानिक, और शारीरिक स्वास्थ्य को प्रभावित करता है।

आघात और इसके प्रभाव को समझना

आघात व्यक्तियों की सामान्य कार्यक्षमता को बाधित करता है, उनकी प्रतिकूल परिस्थितियों से निपटने की क्षमता को कमज़ोर कर देता है और उनके भावनात्मक और मनोवैज्ञानिक स्वास्थ्य पर स्थायी प्रभाव डालता है।

इसके प्रभाव तात्कालिक या विलंबित हो सकते हैं, जिसमें चिंता, मनोदशा में बदलाव, अनचाहे विचार, और पिछले अनुभवों के दृश्य शामिल हैं। आघात के इन प्रभावों को समझना व्यक्ति पर इसके गहरे प्रभाव को संबोधित करने की दिशा में पहला कदम है।

आघात का शरीर विज्ञान

आघात मस्तिष्क की संरचना और कार्य को बदल सकता है, विशेष रूप से उन क्षेत्रों को प्रभावित करता है जो भावनाओं, स्मृति, और खतरे की भावना को नियंत्रित करते हैं। इन न्यूरोलॉजिकल परिवर्तनों के परिणामस्वरूप खतरों के प्रति तीव्र प्रतिक्रिया हो सकती है, जिससे व्यक्तियों के लिए तनाव प्रबंधित करना और अपनी भावनाओं को नियंत्रित करना चुनौतीपूर्ण हो जाता है।

उपचार के चिकित्सीय दृष्टिकोण

उपचार में मदद करने के लिए कई प्रकार के चिकित्सीय दृष्टिकोण उपलब्ध हैं, जो प्रत्येक व्यक्ति की विशिष्ट आवश्यकताओं के अनुसार तैयार किए गए हैं:

संज्ञानात्मक-व्यवहार चिकित्सा (CBT)
CBT एक व्यापक रूप से प्रयुक्त दृष्टिकोण है जो कार्यात्मक विचारों और पैटर्नों को संबोधित करता है, व्यक्तियों को अपनी सोच को पुनःसंरचित करने और तनावपूर्ण स्थितियों को बेहतर तरीके से प्रबंधित करने में मदद करता है।

आई मूवमेंट डिजेंसिटाइजेशन एंड रीप्रोसेसिंग (EMDR)
EMDR एक प्रकार की मनोचिकित्सा है जिसे आघात से जुड़े संकट को कम करने के लिए डिज़ाइन किया गया है। निर्देशित आँख की गति के माध्यम से, यह

चिकित्सा मस्तिष्क को आघात को फिर से संसाधित करने में मदद करती है, जिससे उपचार शुरू हो सके।

शारीरिक चिकित्सा

ये उपचार मन और शरीर के बीच संबंध पर ध्यान केंद्रित करते हैं, जो व्यक्तियों को शारीरिक तनाव को मुक्त करने में मदद करते हैं, जो अक्सर आघात के परिणामस्वरूप शरीर में जमा हो जाता है।

उपचार में समर्थन प्रणालियों की भूमिका

उपचार की यात्रा अकेले नहीं की जानी चाहिए। समर्थन प्रणालियाँ उपचार प्रक्रिया में महत्वपूर्ण भूमिका निभाती हैं, भावनात्मक आराम, समझ, और व्यावहारिक सहायता प्रदान करती हैं। यह समर्थन परिवार, दोस्तों, समर्थन समूहों, या पेशेवर सलाहकारों से प्राप्त हो सकता है।

सहायक समुदाय का निर्माण

समुदाय और समर्थन समूह अनुभवों और रणनीतियों को साझा करने के लिए एक स्थान प्रदान करते हैं, जो आघात के साथ अक्सर होने वाले अलगाव को कम करते हैं। वे सहानुभूति और समझ का एक नेटवर्क प्रदान करते हैं, जो उपचार के लिए आवश्यक है।

आघात को पार करने की व्यक्तिगत कहानियाँ

उन व्यक्तियों की कहानियों को शामिल करना जिन्होंने आघात का सामना किया और पार किया, दूसरों के लिए प्रेरणा और व्यावहारिक मार्गदर्शन प्रदान कर सकता है। ये कहानियाँ आघात के विविध अनुभवों और उपचार प्रक्रिया की विशिष्टता को उजागर करती हैं, मानव आत्मा की सहनशीलता में अंतर्दृष्टि प्रदान करती हैं।

पुनर्प्राप्ति के लिए रणनीतियाँ और उपकरण

आघात से उबरने के लिए ऐसी रणनीतियों का विकास करना आवश्यक है जो सामना करने की विधियों को मजबूत करें और उपचार को बढ़ावा दें:

माइंडफुलनेस और ध्यान

ये अभ्यास व्यक्तियों को वर्तमान क्षण पर ध्यान केंद्रित करने में मदद करते हैं और अनचाहे विचारों की आवृत्ति को कम करते हैं, जिससे एक मानसिक वातावरण बनता है जहाँ उपचार हो सकता है।

व्यक्त करने वाले कला चिकित्सा

कला, संगीत, और नृत्य उन भावनाओं की अभिव्यक्ति की अनुमति देते हैं जिन्हें व्यक्त करना बहुत कठिन हो सकता है, भावनाओं और विचारों के लिए एक गैर-मौखिक माध्यम प्रदान करते हैं।

शारीरिक गतिविधि

व्यायाम अवसाद और चिंता के लक्षणों को कम करने में महत्वपूर्ण भूमिका निभा सकता है जो अक्सर आघात के साथ होते हैं। यह एंडोर्फिन को मुक्त करने, मूड को बेहतर बनाने, और समग्र कल्याण को बढ़ाने में मदद करता है।

उपचार में झटकों को नेविगेट करना

आघात से उबरने का रास्ता रेखीय नहीं है। झटके उपचार प्रक्रिया का एक सामान्य हिस्सा हैं और यह आघात की वर्षगाँठ, तनाव, या नए जीवन परिवर्तनों से प्रेरित हो सकते हैं। इन संभावित झटकों के लिए समझ और तैयारी उन्हें प्रबंधित करना आसान बना सकती है।

यात्रा को अपनाना

यह यात्रा केवल जीवित रहने के बारे में नहीं है, बल्कि फलने-फूलने के बारे में है। उचित संसाधनों और रणनीतियों का उपयोग करके, व्यक्ति एक ऐसा जीवन पुनर्निर्माण कर सकते हैं जो आघात से नहीं बल्कि सहनशीलता और नवीनीकरण से चिह्नित हो।

जैसे-जैसे प्रत्येक व्यक्ति अपने दर्द से उबरने के लिए अपने मार्ग पर आगे बढ़ता है, वे न केवल अपने जीवन का पुनर्निर्माण करते हैं, बल्कि इसी तरह की चुनौतियों का सामना करने वालों के लिए आशा और समर्थन के प्रकाशस्तंभ भी बन जाते हैं।

"उसका दिल, जीवन के विशाल जंगल में एक दिशा-सूचक यंत्र, उसे अनिश्चितता की छायाओं के बीच ले गया। उसकी धड़कन का अनुसरण करते हुए, उसने आनंद और संतोष के मार्ग खोजे, जो उसे आत्म-प्रकाश की ओर ले गए।"

11

रचनात्मकता के माध्यम से सशक्तिकरण: कला, लेखन, और उससे आगे

रचनात्मकता आत्म-अभिव्यक्ति और सशक्तिकरण का एक शक्तिशाली साधन है, जो व्यक्तियों को अपने आंतरिक अनुभवों को तलाशने और अपनी आवाज़ को दुनिया तक पहुँचाने के उपकरण प्रदान करता है।

दृश्य कला से लेकर साहित्य तक, और संगीत से नृत्य तक, रचनात्मक प्रयास व्यक्तिगत खोज, सांस्कृतिक अभिव्यक्ति, और मनोवैज्ञानिक उपचार के लिए मंच प्रदान करते हैं।

परिचय

रचनात्मकता मानव अनुभव का एक अंतर्निहित पहलू है—विकास और अनुकूलन के लिए आवश्यक। यह केवल कलात्मक अभिव्यक्ति तक सीमित नहीं है, बल्कि यह प्रभावित करता है कि हम समस्याओं को कैसे हल करते हैं, परिवर्तनों को कैसे अपनाते हैं, और भविष्य की कल्पना कैसे करते हैं।

यह अध्याय दिखाता है कि रचनात्मक गतिविधियों में शामिल होना कैसे व्यक्तियों और समुदायों को सशक्त बना सकता है, मानसिक स्वास्थ्य को बढ़ावा

दे सकता है, और खुद और दूसरों के साथ गहरे संबंध बना सकता है।

व्यक्तिगत और सामाजिक सशक्तिकरण में कला की भूमिका

कला जटिल भावनाओं और विचारों को व्यक्त करने के लिए एक गहरा माध्यम प्रदान करती है। चाहे पेंटिंग, मूर्तिकला, या स्थापनाओं के माध्यम से, कलाकार ऐसे संदेश व्यक्त कर सकते हैं जिन्हें केवल शब्दों में बयान करना मुश्किल होता है, व्यापक दर्शकों तक पहुँचते हैं और सामाजिक मुद्दों पर सार्थक चर्चाओं को प्रेरित करते हैं।

कलात्मक अभिव्यक्ति के मनोवैज्ञानिक लाभ

कला में शामिल होना चिकित्सीय लाभ प्रदान कर सकता है, जैसे तनाव को कम करना और मूड को सुधारना। कला चिकित्सा को आघात और अवसाद सहित विभिन्न मनोवैज्ञानिक मुद्दों के लिए एक प्रभावी उपचार के रूप में पहचाना गया है, जो व्यक्तिगत उपचार और भावनात्मक मुक्तिकरण की सुविधा प्रदान करती है।

सामाजिक परिवर्तन के लिए एक उपकरण के रूप में कला

कला सामाजिक परिवर्तन के लिए एक शक्तिशाली माध्यम के रूप में भी कार्य करती है। राजनीतिक और सामाजिक मुद्दों को संबोधित करके, कलाकार जागरूकता बढ़ाते हैं, विचारशीलता को प्रेरित करते हैं, और कार्रवाई के लिए प्रेरित करते हैं। सार्वजनिक कला स्थापनाएँ और प्रदर्शन सामुदायिक स्थानों को बदल सकते हैं, सामुदायिक पहचान को बढ़ावा दे सकते हैं, और नागरिक भागीदारी को प्रोत्साहित कर सकते हैं।

लेखन की शक्ति: कैथार्सिस और जुड़ाव

लेखन आत्म-अभिव्यक्ति और सशक्तिकरण के लिए एक अद्वितीय मार्ग प्रदान करता है। यह व्यक्तियों को अपने विचारों को व्यक्त करने, अपने अनुभव साझा करने, और दूसरों के साथ गहरे स्तर पर जुड़ने में सक्षम बनाता है।

लेखन के चिकित्सीय प्रभाव

डायरी लेखन, कविता, और लेखन के अन्य रूपों को उनके चिकित्सीय प्रभावों के लिए व्यापक रूप से उपयोग किया जाता है। अपने अनुभवों के बारे में लिखना भावनाओं को संसाधित करने और कठिन घटनाओं को समझने में मदद कर सकता है। यह आत्म-जागरूकता और आंतरिक शांति की गहरी भावना को जन्म दे सकता है।

वकालत और प्रभाव के लिए लेखन

व्यक्तिगत राहत से परे, लेखन परिवर्तन के लिए वकालत और प्रेरित करने की शक्ति रखता है। समाचार पत्रों में लेखों से लेकर सोशल मीडिया पर ब्लॉग तक, लेखन व्यक्तियों को सार्वजनिक चर्चा में योगदान देने, सामाजिक मानदंडों को चुनौती देने, और सामान्य लक्ष्यों की ओर दूसरों को संगठित करने की अनुमति देता है।

संगीत और नृत्य: अभिव्यक्ति और उपचार

संगीत और नृत्य ऐसी सार्वभौमिक भाषाएँ हैं जो सांस्कृतिक और भाषाई बाधाओं को पार करती हैं, अभिव्यक्ति और सामुदायिक निर्माण के लिए शक्तिशाली माध्यम प्रदान करती हैं।

संगीत और नृत्य के भावनात्मक और सामाजिक लाभ

ये कला रूप उन तरीकों से भावनात्मक अभिव्यक्ति की अनुमति देते हैं जो शब्दों की तुलना में अधिक प्रत्यक्ष और गहन हो सकते हैं। संगीत और नृत्य में शामिल होना न केवल भावनाओं को संसाधित करने में मदद करता है बल्कि साझा अनुभवों में लोगों को एक साथ लाकर सामाजिक बंधनों को भी मजबूत करता है।

सांस्कृतिक संरक्षण और नवाचार

संगीत और नृत्य सांस्कृतिक संरक्षण और नवाचार में महत्वपूर्ण भूमिका निभाते हैं। ये पारंपरिक प्रथाओं को जीवित रखते हैं, जबकि नई अभिव्यक्तियों और

आधुनिक व्याख्याओं के लिए एक मंच भी प्रदान करते हैं जो समकालीन वास्तविकताओं को दर्शाते हैं।

प्रदर्शन कला के माध्यम से सशक्तिकरण

नाटक और प्रदर्शन कलाएँ लेखन, संगीत, और दृश्य डिजाइन के तत्वों को मिलाती हैं, बहुआयामी अनुभवों का निर्माण करती हैं जो शिक्षित, मनोरंजन, और प्रेरित कर सकती हैं।

रचनात्मक प्रयासों में चुनौतियाँ और अवसर

जहाँ रचनात्मकता व्यापक लाभ प्रदान करती है, वहीं कलाकारों और रचनात्मक लोगों को वित्तीय अस्थिरता, सेंसरशिप, और कला के सामाजिक अवमूल्यन जैसी महत्वपूर्ण चुनौतियों का सामना करना पड़ता है।

समुदायों में रचनात्मकता का समर्थन

कलात्मक प्रयासों का समर्थन करना आर्थिक और आंतरिक दोनों तरह से कला के मूल्य को पहचानने और यह सुनिश्चित करने में शामिल है कि रचनात्मक व्यक्तियों के पास फलने-फूलने के लिए संसाधन और मंच हों।

रचनात्मकता की परिवर्तनकारी शक्ति

रचनात्मकता केवल एक गतिविधि नहीं है बल्कि दुनिया को समझने और उससे जुड़ने का एक तरीका है। कला, लेखन, संगीत, और नृत्य के माध्यम से, व्यक्ति आत्म-अभिव्यक्ति और सामुदायिक भागीदारी के लिए शक्तिशाली उपकरण पाते हैं।

रचनात्मकता को बढ़ावा देकर, हम एक ऐसे समाज का पोषण करते हैं जो अभिव्यक्ति को महत्व देता है, विविधता को अपनाता है, और सामूहिक रूप से हमारी दुनिया की पुनर्कल्पना और पुनर्रचना में सक्रिय रूप से भाग लेता है।

"उसने जो आँसू बहाए, उन्होंने उसकी आंतरिक शक्ति की जड़ों को सींचा, सहनशीलता का एक बगीचा उगाया जो विपत्ति में भी खिलता रहा।"

৵৽

12

मन, शरीर, आत्मा: आत्म-देखभाल के समग्र दृष्टिकोण

आत्म-देखभाल को अक्सर एक बहुआयामी अभ्यास के रूप में देखा जाता है, जिसमें मन, शरीर और आत्मा शामिल होते हैं। यह समग्र दृष्टिकोण यह मानता है कि सच्ची भलाई मानसिक, शारीरिक और आध्यात्मिक स्वास्थ्य के बीच संतुलन पर निर्भर करती है, जो एक-दूसरे को प्रभावित और समर्थन करते हैं। आत्म-देखभाल के समग्र दृष्टिकोण की यह पड़ताल दिखाती है कि इन तीनों पहलुओं को एकीकृत करने से जीवन अधिक संतोषजनक और संतुलित हो सकता है, साथ ही एक व्यापक आत्म-देखभाल दिनचर्या विकसित करने के लिए व्यावहारिक रणनीतियाँ और अंतर्दृष्टि प्रदान करता है।

परिचय

आज की तेज़-तर्रार दुनिया में, आत्म-देखभाल केवल विलासिता नहीं, बल्कि अपने स्वास्थ्य और भलाई को बनाए रखने की आवश्यकता है। आत्म-देखभाल का समग्र दृष्टिकोण इस समझ पर आधारित है कि एक व्यक्ति अपने विभिन्न हिस्सों का कुल योग है—यदि एक हिस्सा प्रभावित होता है, तो अन्य भी प्रभावित होते हैं। इसलिए, खुद के सभी पहलुओं को पोषित करना समग्र स्वास्थ्य और सजीवता प्राप्त करने के लिए महत्वपूर्ण है।

मन, शरीर, और आत्मा की परस्परता को समझना

समग्र स्वास्थ्य की अवधारणा विश्व स्तर पर विभिन्न पारंपरिक चिकित्सा प्रथाओं, जैसे आयुर्वेद, पारंपरिक चीनी चिकित्सा, और स्वदेशी उपचार प्रथाओं में निहित है। ये प्रणालियाँ मानव अनुभव की परस्परता पर जोर देती हैं—कैसे भावनाएँ शारीरिक स्वास्थ्य को प्रभावित करती हैं, कैसे शारीरिक कल्याण मानसिक स्पष्टता को बढ़ा सकता है, और कैसे आध्यात्मिक शांति शारीरिक दर्द को कम कर सकती है और मन को शांत कर सकती है।

मन

मन का स्वास्थ्य समग्र भलाई के लिए महत्वपूर्ण है। मानसिक आत्म-देखभाल में तनाव प्रबंधन, सकारात्मक विचारों को बढ़ावा देना, और सीखने और संज्ञानात्मक अभ्यासों के माध्यम से मानसिक चुस्ती बनाए रखना शामिल है। ध्यान, संज्ञानात्मक-व्यवहार चिकित्सा (CBT), और माइंडफुलनेस अभ्यास मानसिक लचीलापन और भावनात्मक बुद्धिमत्ता को बढ़ाने में प्रभावी हैं।

शरीर

शारीरिक आत्म-देखभाल में पोषण, व्यायाम, और उचित आराम के माध्यम से शरीर का पोषण करना शामिल है। नियमित शारीरिक गतिविधि हृदय, फेफड़े, और मांसपेशियों को मजबूत करती है और शरीर की चयापचय और विषहरण प्रणालियों की दक्षता में सुधार करती है। पोषण शारीरिक स्वास्थ्य में महत्वपूर्ण भूमिका निभाता है, जिसमें एक संतुलित आहार शरीर के कार्य और मरम्मत का समर्थन करने के लिए आवश्यक पोषक तत्व प्रदान करता है।

आत्मा

आध्यात्मिक आत्म-देखभाल प्रत्येक व्यक्ति के लिए अलग-अलग हो सकती है, लेकिन आम तौर पर इसमें ऐसी प्रथाएँ शामिल होती हैं जो आत्मा का पोषण करती हैं, अर्थ प्रदान करती हैं, और स्वयं से परे किसी बड़े से जुड़ने की भावना देती हैं। इसमें प्रार्थना, ध्यान, प्रकृति में समय बिताना, या स्वयंसेवा कार्यों में शामिल होना

शामिल हो सकता है।

आत्म-देखभाल के समग्र दृष्टिकोण के लिए व्यावहारिक रणनीतियाँ

समग्र आत्म-देखभाल अपनाने के लिए स्वास्थ्य के सभी पहलुओं का समर्थन करने वाले अभ्यासों को शामिल करने के लिए एक सचेत प्रयास की आवश्यकता होती है।

समग्र पोषण

खाने को जानबूझकर और सावधानीपूर्वक करना चाहिए, ऐसे खाद्य पदार्थों पर ध्यान केंद्रित करना चाहिए जो शरीर और मन दोनों को पोषण दें। समग्र पोषण न केवल भोजन की पोषण सामग्री पर विचार करता है, बल्कि यह भी देखता है कि यह मूड और ऊर्जा स्तर को कैसे प्रभावित करता है। एंटीऑक्सीडेंट, स्वस्थ वसा, और लीन प्रोटीन से भरपूर खाद्य पदार्थों को शामिल करने से मानसिक स्पष्टता और शारीरिक स्वास्थ्य में सुधार हो सकता है।

नियमित शारीरिक व्यायाम

व्यायाम न केवल शारीरिक स्वास्थ्य बनाए रखने के लिए बल्कि मानसिक भलाई को बढ़ाने के लिए भी महत्वपूर्ण है। योग और ताई ची जैसी गतिविधियाँ, जो मन-शरीर कनेक्शन पर जोर देती हैं, समग्र स्वास्थ्य के लिए विशेष रूप से फायदेमंद हैं क्योंकि वे मानसिक ध्यान और शारीरिक सहनशक्ति के तत्वों को शामिल करती हैं।

माइंडफुलनेस और ध्यान

ऐसे अभ्यास जो माइंडफुलनेस को प्रोत्साहित करते हैं, मानसिक और आध्यात्मिक भलाई में नाटकीय रूप से सुधार कर सकते हैं। ध्यान, श्वास अभ्यास, और माइंडफुल वॉकिंग ऐसी गतिविधियों के उदाहरण हैं जो वर्तमान क्षण की गहरी जागरूकता को बढ़ावा देने, तनाव को कम करने, और मानसिक स्पष्टता को बढ़ावा देने में मदद करती हैं।

आराम और नींद

गुणवत्ता वाली नींद शारीरिक मरम्मत और मानसिक स्वास्थ्य के लिए आवश्यक

है। नियमित नींद दिनचर्या स्थापित करना, एक शांत वातावरण बनाना, और अच्छी नींद स्वच्छता का अभ्यास करना नींद की गुणवत्ता को बढ़ा सकता है, जिससे मानसिक और शारीरिक स्वास्थ्य दोनों का समर्थन होता है।

वैकल्पिक चिकित्सा के साथ समग्र स्वास्थ्य को संबोधित करना

एक्यूपंक्चर, मालिश, और अरोमाथेरेपी जैसी वैकल्पिक चिकित्सा पारंपरिक स्वास्थ्य प्रथाओं को पूरक कर सकती हैं, जो समग्र दृष्टिकोण से कल्याण को संबोधित करती हैं। ये उपचार शारीरिक दर्द को कम करने, तनाव को कम करने, और विश्राम को बढ़ावा देने में मदद कर सकते हैं, समग्र भलाई में योगदान कर सकते हैं।

समुदाय और संबंधों की भूमिका

सामाजिक संपर्क और सामुदायिक भागीदारी समग्र आत्म-देखभाल में महत्वपूर्ण भूमिका निभाती है। रिश्ते भावनात्मक समर्थन प्रदान करते हैं, जो तनाव को कम कर सकते हैं और जुड़ाव और अपनत्व की भावना को बढ़ा सकते हैं। सामुदायिक सेवा में शामिल होना दूसरों की मदद करने और सामान्य भलाई में योगदान करने के माध्यम से आध्यात्मिक आवश्यकताओं को पूरा कर सकता है।

समग्र आत्म-देखभाल का दृष्टिकोण मन, शरीर, और आत्मा को एकता में संबोधित करके समग्र स्वास्थ्य को बनाए रखने और बढ़ाने का एक व्यापक तरीका प्रदान करता है। यह दृष्टिकोण न केवल व्यक्तियों को आधुनिक जीवन की माँगों का सामना करने में मदद करता है, बल्कि उनके विश्व अनुभव को भी समृद्ध करता है। ऐसे अभ्यासों को अपनाकर जो जीवन के सभी पहलुओं में संतुलन और सामंजस्य को बढ़ावा देते हैं, व्यक्ति एक उच्च भलाई की स्थिति प्राप्त कर सकते हैं, जो अंततः एक अधिक संतोषजनक और सार्थक अस्तित्व की ओर ले जाती है।

"उसने महसूस किया कि उसकी शक्ति की कुंजी दुनिया पर विजय पाने में नहीं, बल्कि अपने भय पर काबू पाने में थी। उनका सामना करते हुए, उसने अपनी सबसे बड़ी संभावनाओं के द्वार खोल दिए।"

13

चुनौती देने का साहस: असमानता और अन्याय का सामना

एक न्यायपूर्ण और समान समाज के लिए चल रहे संघर्ष में, साहस उन लोगों के लिए एक महत्वपूर्ण गुण है जो असमानता और अन्याय की गहराई से जमी हुई प्रणालियों को चुनौती देते हैं। यह विस्तृत विश्लेषण इन चुनौतियों के विभिन्न आयामों में उतरता है, ऐतिहासिक संदर्भ, कार्यकर्ताओं द्वारा अपनाई गई रणनीतियाँ, और परिणामस्वरूप व्यक्तिगत और सामाजिक परिवर्तन की पड़ताल करता है।

परिचय

असमानता और अन्याय के सामने साहस केवल बहादुरी नहीं है; यह मानव गरिमा और अधिकारों को बनाए रखने के लिए एक गहरी नैतिक प्रतिबद्धता को शामिल करता है। यह अध्याय यह खोजता है कि कैसे व्यक्तियों और आंदोलनों ने ऐतिहासिक रूप से और वर्तमान में दमन की प्रणालियों का सामना किया है और इन टकरावों ने समाजों को कैसे आकार दिया है।

असमानता और अन्याय का ऐतिहासिक संदर्भ

असमानता और अन्याय के खिलाफ लड़ाई इतिहास जितनी पुरानी है। गुलामी को समाप्त करने के लिए लड़ने वाले उन्मूलनवादी आंदोलनों से लेकर महिलाओं के मताधिकार के लिए अभियान चलाने वाली मताधिकारवादी महिलाओं तक, हर सक्रियता की लहर ने पिछली उपलब्धियों पर निर्माण किया है, मानव अधिकारों की समझ को गहरा किया है और उन्हें सार्वभौमिक रूप से कैसे लागू किया जाता है।

सामाजिक आंदोलनों की विरासत

प्रमुख ऐतिहासिक आंदोलनों की परीक्षा वर्तमान में असमानता के खिलाफ कार्यों के लिए एक खाका प्रदान करती है। उदाहरण के लिए, 1950 और 1960 के दशक के दौरान संयुक्त राज्य अमेरिका में नागरिक अधिकार आंदोलन ने न केवल नस्लीय भेदभाव के खिलाफ लड़ाई लड़ी, बल्कि जाति, लिंग, और आर्थिक असमानताओं पर आगे की चर्चा के लिए नींव रखी।

सक्रियता के मनोवैज्ञानिक और समाजशास्त्रीय आयाम

गहराई से जमे हुए अन्याय को चुनौती देने के लिए असमानता के व्यक्तियों पर मनोवैज्ञानिक प्रभाव और सामाजिक आंदोलनों के समाजशास्त्रीय पहलुओं दोनों की समझ की आवश्यकता होती है।

असमानता का मनोवैज्ञानिक प्रभाव

असमानता प्रभावित व्यक्तियों के लिए महत्वपूर्ण मनोवैज्ञानिक तनाव पैदा कर सकती है, जो असहायता और निराशा की भावनाओं में प्रकट होती है। इस संदर्भ में सक्रियता एक शक्तिशाली उपाय हो सकता है, जो उद्देश्य और क्रियाशीलता की भावना प्रदान करता है।

आंदोलनों में पहचान और समुदाय की भूमिका

सामाजिक आंदोलन अक्सर साझा पहचान और अन्याय के अनुभवों के इर्द-गिर्द बनते हैं। समुदाय और एकजुटता की भावना दीर्घकालिक सक्रियता को बनाए रखने के लिए आवश्यक भावनात्मक और तार्किक समर्थन प्रदान करती है।

असमानता और अन्याय का सामना करने की रणनीतियाँ

इन मुद्दों का सामना करने के लिए प्रभावी रणनीतियाँ विविध हैं और आंदोलन के विशिष्ट संदर्भ और लक्ष्यों के अनुसार विकसित होती हैं।

कानूनी और राजनीतिक वकालत

कई समूह उन नीतियों और कानूनों को बदलने पर ध्यान केंद्रित करते हैं जो असमानता को बनाए रखते हैं। इसमें लॉबिंग करना, मुकदमेबाजी में शामिल होना, और समान नीतियों का समर्थन करने वाले प्रतिनिधियों को चुनने के लिए लोकतांत्रिक प्रक्रियाओं में भाग लेना शामिल है।

जमीनी संगठित करना और प्रत्यक्ष कार्रवाई

जमीनी प्रयास सबसे अधिक प्रभावित व्यक्तियों को परिवर्तन की मांग करने के लिए संगठित करते हैं। इसमें विरोध प्रदर्शन, हड़ताल, और सामुदायिक आयोजन शामिल हो सकते हैं, जो निर्णय लेने वालों पर दबाव डालते हैं।

शिक्षा और जागरूकता अभियान

असमानता और अन्याय के मुद्दों के बारे में जनता को सूचित करना सामाजिक दृष्टिकोण बदलने की नींव है। शैक्षिक अभियान अपने संदेश को फैलाने के लिए मीडिया, सार्वजनिक भाषण, और सामुदायिक कार्यशालाओं का उपयोग करते हैं।

साहस की व्यक्तिगत कहानियाँ

जिन व्यक्तियों ने अन्याय का सामना किया है, वे इस प्रयास के बारे में प्रेरणा और सबक प्रदान करते हैं। यह खंड कई व्यक्तिगत कहानियों को उजागर करेगा, नेल्सन मंडेला और मलाला यूसुफजई जैसे प्रसिद्ध व्यक्तियों से लेकर जमीनी स्तर पर काम करने वाले कम प्रसिद्ध कार्यकर्ताओं तक।

सक्रियकों द्वारा सामना की जाने वाली चुनौतियाँ

सक्रियकों को अक्सर व्यक्तिगत नुकसान, कानूनी परिणाम, और सामाजिक बहिष्कार जैसी महत्वपूर्ण चुनौतियों का सामना करना पड़ता है। इन चुनौतियों को समझना उन लोगों को तैयार करने और संरक्षित करने के लिए महत्वपूर्ण है जो इस कार्य में लगे हुए हैं।

थकावट और दमन से निपटना

स्थायी सक्रियता भावनात्मक और शारीरिक तनाव के कारण थकावट का कारण बन सकती है। इसके अलावा, दमनकारी सरकारें या विरोधी समूह सक्रियकों के लिए गंभीर खतरे पैदा कर सकते हैं। आत्म-देखभाल और सुरक्षा के लिए रणनीतियाँ स्थायी सक्रियता के आवश्यक घटक हैं।

असमानता और अन्याय के खिलाफ लड़ाई में भविष्य की दिशा

आगे देखते हुए, असमानता और अन्याय के खिलाफ लड़ाई में अनुकूलन क्षमता और सफलताओं और विफलताओं दोनों से सीखने की निरंतर इच्छा की आवश्यकता होगी।

प्रौद्योगिकी और नवाचार का लाभ उठाना

नई प्रौद्योगिकियाँ आयोजन, वकालत, और शिक्षा के लिए ऐसे उपकरण प्रदान करती हैं जो पहले उपलब्ध नहीं थे। उदाहरण के लिए, सोशल मीडिया उन आवाज़ों को बढ़ा सकता है जिन्हें अन्यथा चुप करा दिया जाता।

आंदोलनों के बीच गठबंधन बनाना

असमानता के विभिन्न रूपों के परस्पर संबंधों को लेकर बढ़ती मान्यता है। आंदोलनों के बीच गठबंधन संसाधनों को साझा करके और रणनीतियों का आदान-प्रदान करके वकालत प्रयासों के प्रभाव को मजबूत कर सकते हैं।

असमानता और अन्याय को चुनौती देने का साहस केवल गलत का सामना करने के बारे में नहीं है, बल्कि एक ऐसी दुनिया की कल्पना और निर्माण के बारे में भी है जो अपने सभी निवासियों की गरिमा और अधिकारों को बनाए रखे।

आगे का रास्ता अनगिनत व्यक्तियों के सामूहिक प्रयासों से प्रशस्त है जो अपने साहस के माध्यम से मानवता को सच्ची समानता और न्याय के करीब लाने का प्रयास करते रहते हैं।

"उसकी हँसी स्वतंत्रता का एक मधुर गीत थी, एक ऐसी धुन जिसने सीमाओं की काँच की छतों को तोड़ दिया। अपने आनंद में, उसने असंभव को पाने का साहस पाया और उसे संभव बना दिया।"

14

युगों की बुद्धिमत्ता: इतिहास की महिलाओं से सीखें

इतिहास में, महिलाओं ने संस्कृति, राजनीति, और समाज को आकार देने में महत्वपूर्ण भूमिका निभाई है, भले ही उन्हें अक्सर प्रणालीगत बाधाओं का सामना करना पड़ा हो। उनके साहस, नवाचार, और बुद्धिमत्ता से भरे हुए जीवन की कहानियाँ स्थायी पाठ प्रस्तुत करती हैं, जो आज भी उतने ही प्रासंगिक हैं जितने उनके समय में थे। इस अध्याय में इन अद्वितीय महिलाओं के जीवन और विरासत की पड़ताल की जाएगी, यह समझने के लिए कि उनके योगदान और दर्शन वर्तमान और भविष्य की पीढ़ियों को कैसे प्रेरित कर सकते हैं।

परिचय

यह अन्वेषण उन विविध भूमिकाओं को पहचानता है जो महिलाओं ने निभाई हैं और वे गहरी अंतर्दृष्टि जो वे सहनशीलता, नेतृत्व, और नवाचार के लिए प्रदान करती हैं। विभिन्न युगों और क्षेत्रों की महिलाओं के जीवन का अध्ययन करके, हम वैश्विक इतिहास में उनके योगदान की जटिलता और समृद्धि को व्यापक रूप से समझ सकते हैं।

ऐतिहासिक संदर्भ

महिलाओं का इतिहास मुख्यधारा के ऐतिहासिक विवरणों में अक्सर अपर्याप्त रूप से प्रस्तुत किया जाता है, फिर भी महिलाएँ हमेशा प्रभावशाली रही हैं, चाहे वह शासक, विचारक, कार्यकर्ता, या कलाकार के रूप में हो। यह खंड उन युगों और परिस्थितियों का संदर्भ प्रदान करता है जिनमें ये महिलाएँ रहती थीं और उनके सामने आने वाली चुनौतियों और अवसरों में अंतर्दृष्टि प्रदान करता है।

प्राचीन सभ्यताओं से सबक

हाइपेशिया ऑफ अलेक्जेंड्रिया (c. 355–415 AD)

अलेक्जेंड्रिया में एक दार्शनिक, खगोलशास्त्री, और गणितज्ञ, हाइपेशिया अपनी बुद्धिमत्ता और वाक्पटुता के लिए प्रसिद्ध थीं। ज्ञान और शिक्षा के प्रति उनकी प्रतिबद्धता एक पुरुष-प्रधान दुनिया में बौद्धिक साहस और दृढ़ता के महत्व को रेखांकित करती है।
पाठ: सीखने और विचार नेतृत्व को अपनाएँ; बौद्धिक प्रयासों में साहस पीढ़ियों को प्रेरित करता है।

क्लियोपेट्रा VII (69–30 BC)

मिस्र के टॉलेमिक साम्राज्य की अंतिम सक्रिय शासक, क्लियोपेट्रा एक बहुज़ और चतुर राजनेता थीं, जिन्होंने अशांत समय में सत्ता बनाए रखी। उनके रणनीतिक गठबंधन हमें कूटनीति और राजनीतिक समझदारी के महत्व का पाठ सिखाते हैं।
पाठ: प्रभावी नेतृत्व अक्सर रणनीतिक गठबंधन और बदलते राजनीतिक परिदृश्यों में सहनशीलता की माँग करता है।

मध्य युग से पुनर्जागरण तक के पाठ

हिल्डेगार्ड वॉन बिंगेन (1098–1179)

एक जर्मन बेनेडिक्टिन एबेस, लेखिका, संगीतकार, और दार्शनिक, हिल्डेगार्ड का औषधीय विज्ञान और प्राकृतिक चिकित्सा में योगदान अग्रणी था। स्वास्थ्य और आध्यात्मिकता के उनके समग्र दृष्टिकोण शारीरिक और आध्यात्मिक भलाई के परस्पर संबंध पर एक मूल्यवान दृष्टिकोण प्रदान करते हैं।

पाठ: स्वास्थ्य और आध्यात्मिकता के समग्र दृष्टिकोण अग्रणी अंतर्दृष्टि और प्रथाओं को जन्म दे सकते हैं।

क्रिस्टीन डी पिज़ान (1364 – c. 1430)

एक वेनिस में जन्मी फ्रांसीसी लेखिका, जिन्होंने "द बुक ऑफ द सिटी ऑफ लेडीज़" लिखा, क्रिस्टीन ने मध्यकालीन यूरोप में महिलाओं की रूढ़िवादी भूमिकाओं को चुनौती दी और महिलाओं की बौद्धिक क्षमताओं और नैतिक निर्णय के लिए तर्क दिया।

पाठ: लैंगिक समानता की वकालत के लिए साहस और रचनात्मकता की आवश्यकता होती है।

ज्ञानोदय युग से आधुनिक युग तक के पाठ

मैरी वोलस्टोनक्राफ्ट (1759–1797)

महिलाओं के अधिकारों की पैरोकार और प्रारंभिक नारीवादी दार्शनिकों में से एक, वोलस्टोनक्राफ्ट की "ए विंडिकेशन ऑफ द राइट्स ऑफ वुमन" यह तर्क देती है कि महिलाएँ स्वाभाविक रूप से पुरुषों से कमतर नहीं हैं, बल्कि शिक्षा की कमी के कारण ऐसी प्रतीत होती हैं।

पाठ: शिक्षा सशक्तिकरण की नींव है; शिक्षा के समान अवसरों की वकालत करना समाजों को बदल सकता है।

हैरियट टबमैन (c. 1822–1913)

दासता में जन्मी, टबमैन ने भागकर अमेरिकी गृहयुद्ध से पहले एक प्रमुख उन्मूलनवादी बन गईं। अंडरग्राउंड रेलरोड के माध्यम से दूसरों को स्वतंत्रता की ओर ले जाने में उनकी रणनीतिक क्षमताएँ और साहस नैतिक दृढ़ विश्वास और

सहनशीलता की शक्ति का प्रमाण हैं।

पाठ: सहनशीलता और एक मजबूत नैतिक कम्पास उत्पीड़न के खिलाफ शक्तिशाली उपकरण हैं।

समकालीन दुनिया से पाठ

वांगारी मथाई (1940–2011)

ग्रीन बेल्ट मूवमेंट की संस्थापक और नोबेल शांति पुरस्कार प्राप्त करने वाली पहली अफ्रीकी महिला, मथाई की पर्यावरण संरक्षण और महिलाओं के अधिकारों के प्रति प्रतिबद्धता यह दिखाती है कि जमीनी स्तर पर सक्रियता पर्यावरणीय और सामाजिक परिवर्तन ला सकती है।

पाठ: पर्यावरणीय सक्रियता और सामाजिक न्याय परस्पर जुड़े हुए हैं; जमीनी आंदोलन वैश्विक प्रभाव डाल सकते हैं।

मलाला यूसुफजई (b. 1997)

महिला शिक्षा की एक पाकिस्तानी कार्यकर्ता और सबसे कम उम्र की नोबेल पुरस्कार विजेता, मलाला की वकालत यह दिखाती है कि अधिकारों और स्वतंत्रता से इनकार करने वालों के सामने भी शिक्षा के लिए लगातार वकालत कैसे परिवर्तन ला सकती है।

पाठ: शिक्षा और अधिकारों के लिए निरंतर वकालत, चाहे कितनी ही बड़ी बाधा क्यों न हो, परिवर्तन ला सकती है।

इन महिलाओं की कहानियाँ केवल अतीत की उपलब्धियों के वर्णन नहीं हैं, बल्कि ऐसे जीवंत पाठ हैं जो आज भी प्रभाव और प्रेरणा देते हैं। प्रत्येक कहानी वर्तमान और भविष्य की पीढ़ियों को यह याद दिलाती है कि बुद्धिमत्ता, साहस, और दृढ़ता ऐसे कालातीत गुण हैं जो लिंग और युग से परे हैं।

इन महिलाओं से सीखकर, हम उनके प्रभाव की विरासत को आगे बढ़ा सकते हैं और एक ऐसी दुनिया को आकार देना जारी रख सकते हैं जो अपने सभी सदस्यों

के योगदान को महत्व देती है और उन्हें आगे बढ़ाती है।

"वह अकेले चलने से नहीं डरती थी, क्योंकि एकांत में उसने अपनी सबसे वफादार साथी: खुद को पाया। साथ में, उन्होंने नई शुरुआत और अनंत संभावनाओं के क्षितिज की ओर यात्रा की।"

15

चौराहे पर दिशा खोजना: निर्णय लेना और व्यक्तिगत विकास

जीवन में विभिन्न बिंदुओं पर, हर व्यक्ति को ऐसे महत्वपूर्ण निर्णय लेने पड़ते हैं जो हमारे आगे के रास्ते को गहराई से प्रभावित कर सकते हैं। इन निर्णयों को कैसे नेविगेट किया जाए, यह हमारे व्यक्तिगत विकास और समग्र मार्ग पर महत्वपूर्ण प्रभाव डाल सकता है। इस अध्याय में निर्णय लेने की जटिल प्रक्रिया, इससे जुड़े मनोवैज्ञानिक और भावनात्मक ढाँचे, और यह कैसे आत्म-खोज और विकास के उत्प्रेरक के रूप में कार्य करते हैं, का अन्वेषण किया जाएगा।

परिचय

निर्णय लेना मानव मनोविज्ञान का एक मौलिक पहलू है, जिसमें संज्ञानात्मक प्रक्रियाएँ, भावनात्मक योगदान, और कभी-कभी सहज निर्णय शामिल होते हैं। हर निर्णय, चाहे वह सामान्य हो या महत्वपूर्ण, हमारी पहचान को आकार देता है और हमारे मार्ग को प्रभावित करता है। यह अध्याय इस बात की पड़ताल करता है कि हम इन विकल्पों को अधिक सचेत रूप से कैसे बना सकते हैं और उन्हें अपने दीर्घकालिक लक्ष्यों और मूल्यों के साथ कैसे जोड़ सकते हैं, इस प्रकार व्यक्तिगत विकास को बढ़ावा दे सकते हैं।

निर्णय लेने को समझना

निर्णय लेने में संज्ञानात्मक प्रक्रियाएँ

निर्णय लेने में तर्क करना, विकल्पों का मूल्यांकन करना, और परिणामों की भविष्यवाणी करना शामिल है। इन प्रक्रियाओं को समझने से यह स्पष्ट हो सकता है कि निर्णय कैसे लिए जाते हैं और एक रास्ता चुनना कभी-कभी इतना चुनौतीपूर्ण क्यों हो सकता है।

भावनाओं की भूमिका

भावनाएँ निर्णय लेने में महत्वपूर्ण भूमिका निभाती हैं। ये हमें मार्गदर्शन भी कर सकती हैं और गुमराह भी कर सकती हैं, इस पर निर्भर करता है कि हम उन्हें कैसे समझते और प्रतिक्रिया करते हैं। सकारात्मक परिणाम प्राप्त करने वाले निर्णय लेने में भावनाओं को समझना और प्रबंधित करना आवश्यक है।

पक्षपात और मानसिक शॉर्टकट का प्रभाव

अक्सर अनजाने में, पक्षपात और मानसिक शॉर्टकट (हीयुरिस्टिक्स) हमारे निर्णयों को प्रभावित करते हैं। इनका जागरूक होना और समझना उनके प्रभाव को कम कर सकता है और अधिक संतुलित और विचारशील निर्णय लेने में मदद कर सकता है।

महत्वपूर्ण जीवन निर्णय: मोड़ के बिंदु

जीवन को बदलने वाले निर्णयों की पहचान करना

कुछ निर्णय स्पष्ट रूप से व्यापक प्रभाव डालते हैं, जैसे करियर विकल्प, रिश्ते, और व्यक्तिगत निवेश। इनको महत्वपूर्ण निर्णयों के रूप में पहचानना इन्हें प्रभावी ढंग से नेविगेट करने की दिशा में पहला कदम है।

प्रभावी निर्णय लेने की रणनीतियाँ

मूल्यों की स्पष्टता: अपने मुख्य मूल्यों को समझना आवश्यक है, क्योंकि ये

सिद्धांत अक्सर जीवन की दिशा तय करते हैं।

जानकारी एकत्र करना: प्रासंगिक जानकारी एकत्र करना और विश्वसनीय स्रोतों से सलाह लेना निर्णय के विभिन्न पहलुओं को उजागर कर सकता है।

दीर्घकालिक सोच: केवल तात्कालिक प्रभावों पर ध्यान केंद्रित करने के बजाय दीर्घकालिक परिणामों पर विचार करना सतत विकास और संतोषजनक निर्णयों को बढ़ावा दे सकता है।

जोखिम मूल्यांकन: प्रत्येक विकल्प से जुड़े जोखिमों का मूल्यांकन करने से सूचित निर्णय लेने में मदद मिलती है।

व्यक्तिगत संबंधों में निर्णय लेना

पारिवारिक, मित्रवत, या रोमांटिक संबंधों के बारे में निर्णय भावनात्मक तीव्रता और उनके हमारे जीवन पर महत्वपूर्ण प्रभाव के कारण सबसे जटिल होते हैं।

संबंधों के निर्णयों को नेविगेट करना

संचार: शामिल लोगों के साथ खुला और ईमानदार संवाद स्पष्टता प्रदान कर सकता है और आपसी समझ को सुविधाजनक बना सकता है।

सहानुभूति और दृष्टिकोण को समझना: दूसरों के दृष्टिकोण को समझना कई लोगों को प्रभावित करने वाले निर्णय लेने में महत्वपूर्ण है।

स्वतंत्रता और परस्पर निर्भरता का संतुलन: निर्णय व्यक्तिगत स्वायत्तता और संबंध की आवश्यकताओं दोनों का सम्मान करना चाहिए।

कठिन विकल्पों से मनोवैज्ञानिक विकास

परिणामों से सीखना

चाहे परिणाम अच्छे हों या बुरे, प्रत्येक परिणाम एक सीखने का अवसर है। निर्णयों

और उनके परिणामों पर चिंतन करना भविष्य के विकल्पों को सूचित करने के लिए अंतर्दृष्टि प्रदान कर सकता है।

विपत्ति के माध्यम से सहनशीलता

कठिन निर्णयों में अक्सर विपत्ति को नेविगेट करना शामिल होता है। इन अनुभवों के माध्यम से सहनशीलता विकसित करना व्यक्तिगत संकल्प और अनुकूलन क्षमता को मजबूत कर सकता है।

निर्णय लेने में सुधार के लिए उपकरण और तकनीक

निर्णय वृक्ष और वेटेड लिस्ट्स: ये उपकरण रास्तों को कल्पना करने और विभिन्न कारकों के महत्व का वजन करने में मदद करते हैं।

माइंडफुलनेस और चिंतन: माइंडफुलनेस निर्णय लेने में आवेग को कम कर सकती है, जबकि चिंतन निर्णय लेने की प्रक्रिया की गहरी समझ को बढ़ावा दे सकता है।

परिदृश्य योजना: विभिन्न परिदृश्यों और उनके संभावित परिणामों की कल्पना करना चुनौतियों और प्रतिक्रियाओं का अनुमान लगाने में मदद कर सकता है।

जीवन के निर्णयों के चौराहे को नेविगेट करना व्यक्तिगत विकास का एक अभिन्न हिस्सा है। निर्णय लेने की प्रक्रिया को समझकर, महत्वपूर्ण विकल्पों के महत्व को पहचानकर, और प्रभावी रणनीतियों को अपनाकर, व्यक्ति ऐसे निर्णय ले सकते हैं जो उनके विकास को बढ़ावा देते हैं और उनके गहरे मूल्यों के साथ संरेखित होते हैं।

"तारों ने उसे अनंत संभावनाओं के बारे में फुसफुसाया, और उसने एक जिज्ञासु दिल के साथ सुना। अपनी आकांक्षाओं के ब्रह्मांड में, उसने अपने सच्चे उद्देश्य का प्रकाश पाया, जो उसके रास्ते को निर्देशित करता था।"

16

सुख का विज्ञान: आनंद और कृतज्ञता को पोषित करना

सुख, एक बहुप्रतीक्षित स्थिति, केवल क्षणिक खुशी या आनंद की अनुभूति से अधिक है। यह उद्देश्य, संतोष, और पूर्णता की भावना से गहराई से जुड़ा हुआ है। आधुनिक मनोवैज्ञानिक शोध यह अंतर्दृष्टि प्रदान करता है कि कैसे सुख को जानबूझकर अपनाए गए अभ्यासों, जैसे कृतज्ञता को प्रोत्साहित करना और अपने दैनिक जीवन में आनंद का पोषण करना, के माध्यम से बढ़ावा दिया जा सकता है। इस अध्याय में सुख के मनोवैज्ञानिक आधार, भलाई को बढ़ाने की व्यावहारिक रणनीतियाँ, और कृतज्ञता और आनंद से भरे जीवन के परिवर्तनकारी प्रभाव की गहन समझ प्रस्तुत की जाएगी।

परिचय

सुख की खोज उतनी ही पुरानी है जितनी मानवता का इतिहास, लेकिन हाल ही में विज्ञान ने टिकाऊ सुख के पीछे के तंत्रों पर प्रकाश डालना शुरू किया है। सुख के विज्ञान की यह पड़ताल मनोवैज्ञानिक अनुसंधान पर आधारित है, जो एक अधिक सुखी और संतोषजनक जीवन को प्रोत्साहित करने के लिए एक व्यापक मार्गदर्शिका प्रदान करती है।

सुख का मनोवैज्ञानिक ढांचा

सुख को समझने के लिए इसके मनोवैज्ञानिक आधारों में झाँकने की आवश्यकता है, जिनमें भावनात्मक और संज्ञानात्मक दोनों घटक शामिल हैं।

सुख के भावनात्मक घटक

भावनाएँ हमारे सुख के अनुभव में महत्वपूर्ण भूमिका निभाती हैं। खुशी, गर्व, और संतोष जैसी सकारात्मक भावनाएँ भलाई की समग्र भावना में योगदान करती हैं। सकारात्मक मनोविज्ञान के क्षेत्र में शोध से पता चला है कि ये भावनाएँ न केवल सुख के परिणाम हैं, बल्कि इसके पूर्वसूचक भी हैं।

सुख के संज्ञानात्मक घटक

संज्ञानात्मक दृष्टिकोण यह निर्धारित करता है कि हम दुनिया को कैसे देखते हैं और अपने अनुभवों की व्याख्या करते हैं। एक सकारात्मक दृष्टिकोण—सर्वश्रेष्ठ की उम्मीद करना और संभावनाओं पर ध्यान केंद्रित करना—हमारे समग्र सुख को काफी बढ़ा सकता है। संज्ञानात्मक सिद्धांत बताते हैं कि जीवन परिस्थितियों की तुलना में इन पर हमारे विचार और दृष्टिकोण सुख प्राप्त करने में अधिक महत्वपूर्ण हैं।

सुख बढ़ाने में कृतज्ञता की भूमिका

कृतज्ञता केवल एक औपचारिक धन्यवाद नहीं है; यह एक शक्तिशाली उपकरण है जो हमारे जीवन में कमी की बजाय उपस्थित समृद्धि पर ध्यान केंद्रित करता है।

कृतज्ञता को समझना

कृतज्ञता में किसी चीज़ का मूल्य पहचानना और उसकी सराहना करना शामिल है—जो कुछ भी भौतिक संपत्तियों से लेकर व्यक्तिगत संबंधों तक हो सकता है—और यह स्वीकार करना कि इसका हमारे जीवन पर सकारात्मक प्रभाव है।

कृतज्ञता का अभ्यास करने के लाभ

शोध से लगातार यह साबित हुआ है कि कृतज्ञता का सुख से गहरा संबंध है। कृतज्ञता लोगों को अधिक सकारात्मक भावनाएँ महसूस करने, अच्छे अनुभवों का आनंद लेने, अपने स्वास्थ्य में सुधार करने, प्रतिकूल परिस्थितियों का सामना करने, और मजबूत संबंध बनाने में मदद करती है।

दैनिक जीवन में आनंद का पोषण

माइंडफुलनेस और उपस्थित होना

वर्तमान क्षण में उपस्थित रहना व्यक्तियों को अपनी गतिविधियों में पूरी तरह से शामिल होने और आनंद का अनुभव करने की संभावना को बढ़ाता है। माइंडफुलनेस ध्यान न केवल आनंद के क्षणों को बढ़ाने के लिए, बल्कि अवसाद और चिंता के लक्षणों को कम करने के लिए भी सिद्ध हुआ है।

आनंद को बढ़ावा देने वाली गतिविधियों का पीछा करना

उन शौकों और गतिविधियों में शामिल होना जो आनंददायक और संतोषजनक हों, आनंद को पोषित करने के लिए महत्वपूर्ण है। ये गतिविधियाँ उपलब्धि और खुशी की भावना प्रदान करती हैं, जो दीर्घकालिक सुख में योगदान करती हैं।

सुख को बढ़ाने की व्यावहारिक रणनीतियाँ

कृतज्ञता डायरी रखना

एक प्रभावी अभ्यास कृतज्ञता डायरी रखना है, जहाँ हर दिन के लिए उन चीजों की प्रविष्टि की जाती है जिनके लिए व्यक्ति आभारी है। यह जीवन के नकारात्मक पहलुओं से सकारात्मक पहलुओं की ओर ध्यान केंद्रित करने में मदद करता है।

यथार्थवादी लक्ष्य निर्धारित करना

यथार्थवादी लक्ष्यों को निर्धारित करना और प्राप्त करना उपलब्धि और उद्देश्य

की भावना प्रदान करता है, जो सुख से निकटता से जुड़ा हुआ है।

सकारात्मक संबंध विकसित करना

सकारात्मक संबंधों को पोषित करने में समय और ऊर्जा लगाना भावनात्मक भलाई को बढ़ाता है और एक सहायक नेटवर्क प्रदान करता है जो सुख में योगदान देता है।

सुख को बढ़ाने में चुनौतियाँ

नकारात्मकता पूर्वाग्रह पर काबू पाना

मनुष्यों में नकारात्मक अनुभवों को सकारात्मक अनुभवों की तुलना में अधिक स्पष्ट रूप से याद रखने की प्राकृतिक प्रवृति होती है। सकारात्मक अनुभवों पर जानबूझकर ध्यान केंद्रित करके इस पूर्वाग्रह को दूर करना एक सुखी मानसिकता को पोषित करने में मदद कर सकता है।

सुख का विज्ञान यह मूल्यवान अंतर्दृष्टि प्रदान करता है कि व्यक्ति कृतज्ञता और आनंद के अभ्यास के माध्यम से अपनी भलाई को कैसे बढ़ा सकते हैं। सुख के मनोवैज्ञानिक आधारों को समझकर और इसे पोषित करने के लिए व्यावहारिक रणनीतियों को अपनाकर, व्यक्ति एक समृद्ध, अधिक संतोषजनक जीवन जी सकते हैं। कृतज्ञता और आनंद के जानबूझकर अभ्यास के माध्यम से, हम अपने मानसिक और भावनात्मक परिदृश्य को बदल सकते हैं, स्थायी सुख के लिए मार्ग प्रशस्त कर सकते हैं।

"उसने अपने संघर्षों को अपनी विजय की तस्वीर में बुना, प्रत्येक चुनौती उसके जीवन की उत्कृष्ट कृति में योगदान करती हुई एक धागा बनी। अपनी कहानी में, उसने सहनशीलता की कला पाई, एक ऐसा सौंदर्य जो संघर्ष से उत्पन्न हुआ।"

17

आर्थिक सशक्तिकरण: वित्तीय स्वतंत्रता प्राप्त करना

आर्थिक सशक्तिकरण और वित्तीय स्वतंत्रता एक स्थायी और स्व-निर्धारित जीवन को सुरक्षित करने में महत्वपूर्ण भूमिका निभाते हैं। एक ऐसी दुनिया में जहाँ आर्थिक गतिशीलता सामाजिक संरचनाओं को अत्यधिक प्रभावित करती है, वित्तीय स्वायत्तता प्राप्त करना न केवल व्यक्तिगत सुरक्षा और स्वतंत्रता को बढ़ाता है बल्कि सामाजिक समानता को भी प्रोत्साहित करता है।

परिचय

वित्तीय स्वतंत्रता प्राप्त करना कई लोगों के लिए एक लक्ष्य है, लेकिन इसे प्राप्त करने का मार्ग चुनौतियों से भरा हुआ प्रतीत हो सकता है। यह अध्याय उन बुनियादी कदमों की रूपरेखा प्रस्तुत करता है जो किसी के वित्तीय संसाधनों को प्रभावी ढंग से समझने, प्रबंधित करने, और बढ़ाने के लिए आवश्यक हैं। यह आर्थिक सशक्तिकरण की यात्रा में वित्तीय शिक्षा, रणनीतिक योजना, और व्यक्तिगत अनुशासन के महत्व पर जोर देता है।

वित्तीय साक्षरता की बुनियाद

वित्तीय साक्षरता आर्थिक सशक्तिकरण की आधारशिला है। इसमें धन प्रबंधन के बुनियादी सिद्धांतों को समझना शामिल है, जिसमें बजट बनाना, बचत करना, निवेश करना, और उधार लेना शामिल है।

वित्तीय शिक्षा का महत्व

वित्तीय सिद्धांतों के बारे में खुद को शिक्षित करना वित्तीय स्थिरता की ओर अग्रसर करने वाले सूचित निर्णय लेने के लिए आवश्यक है। ब्याज दरों, मुद्रास्फीति, और धन के समय मूल्य जैसे विषयों का ज्ञान प्रभावी वित्तीय योजना के लिए आवश्यक है।

वित्तीय सीखने के उपकरण और संसाधन

ऑनलाइन पाठ्यक्रमों, वित्तीय कार्यशालाओं, और वित्तीय सलाहकारों से परामर्श जैसे संसाधनों का उपयोग किसी के वित्तीय ज्ञान को बढ़ा सकता है। पुस्तकालय, गैर-लाभकारी संगठन, और सरकारी एजेंसियाँ अक्सर मुफ्त या कम लागत वाले शैक्षिक कार्यक्रम प्रदान करती हैं।

बजट बनाना और बचत करना

बजट बनाना

एक व्यापक बजट सभी आय और खर्चों को ट्रैक करता है, जिससे अनावश्यक खर्चों की पहचान करने और बचत को अनुकूलित करने में मदद मिलती है। 50/30/20 नियम जैसी तकनीकें, जहाँ धन को आवश्यकताओं, इच्छाओं, और बचत में विभाजित किया जाता है, एक संरचित दृष्टिकोण प्रदान कर सकती हैं।

बचत की शक्ति

नियमित बचत की आदतें वित्तीय सुरक्षा के लिए नींव तैयार करती हैं। उदाहरण के लिए, आपातकालीन कोष महत्वपूर्ण हैं क्योंकि वे अप्रत्याशित स्थितियों के दौरान ऋण से बचाते हैं।

वृद्धि के लिए निवेश करना

विभिन्न निवेश साधनों को समझना

शेयर, बॉन्ड, अचल संपत्ति, और म्यूचुअल फंड जैसे विभिन्न निवेश विकल्पों का पता लगाना व्यक्तियों को जोखिम और प्रतिफल के बीच सही संतुलन खोजने में मदद करता है। विविधीकरण संभावित जोखिमों को प्रभावी ढंग से प्रबंधित करने की कुंजी है।

सेवानिवृत्ति योजना

सेवानिवृत्ति के लिए योजना जितनी जल्दी हो सके शुरू करनी चाहिए। सेवानिवृत्ति खातों (जैसे 401(k), IRA), और चक्रवृद्धि ब्याज का लाभ उठाने की समझ, जीवन के बाद के चरणों में वित्तीय सुरक्षा को महत्वपूर्ण रूप से प्रभावित कर सकती है।

ऋण स्वतंत्रता प्राप्त करना

ऋण प्रबंधन के लिए रणनीतियाँ

ऋण स्नोबॉल (सबसे छोटे से बड़े तक ऋणों का भुगतान करना) और ऋण एवलांच (सबसे उच्च ब्याज दर वाले ऋणों को पहले चुकाना) जैसी विधियाँ प्रभावी हो सकती हैं।

क्रेडिट स्वास्थ्य का महत्व

एक स्वस्थ क्रेडिट स्कोर ऋण, बीमा, और यहाँ तक कि आवास पर बेहतर ब्याज दरों के लिए अवसर खोल सकता है। क्रेडिट को जिम्मेदारी से प्रबंधित करना और

क्रेडिट स्कोर को प्रभावित करने वाले कारकों को समझना वित्तीय स्वास्थ्य बनाए रखने के लिए महत्वपूर्ण है।

उद्यमिता और आर्थिक स्वायत्तता

उद्यमिता के लिए संसाधन

बिजनेस इनक्यूबेटर्स, परामर्श कार्यक्रम, और सरकारी अनुदान जैसे सहायक तंत्र नवोदित उद्यमियों को महत्वपूर्ण मदद प्रदान कर सकते हैं।

आर्थिक सशक्तिकरण, वित्तीय स्वतंत्रता प्राप्त करके, शिक्षा, अनुशासन, और रणनीतिक योजना शामिल करने वाली एक बहुआयामी यात्रा है। सही ज्ञान और उपकरणों के साथ, व्यक्ति न केवल अपना वित्तीय भविष्य सुरक्षित कर सकते हैं बल्कि व्यापक सामाजिक समानता और स्थिरता के लक्ष्य में भी योगदान कर सकते हैं।

"सशक्तिकरण उसका चुना हुआ परिधान था, आत्मविश्वास और साहस के धागों से बुना हुआ। अपनी स्वयं की आस्था से सुसज्जित, वह अजेय थी, अपने आप में एक प्रकृति की शक्ति।"

18

अगली पीढ़ी को सशक्त करना: युवा महिलाओं का मार्गदर्शन

एक ऐसी दुनिया में जहाँ अब भी लैंगिक असमानता की चुनौतियाँ बनी हुई हैं, युवा महिलाओं का मार्गदर्शन उन्हें उनकी क्षमता को पूरा करने, बाधाओं को पार करने, और समाज में सकारात्मक योगदान देने के लिए सशक्त बनाने की एक महत्वपूर्ण रणनीति है।

परिचय

मार्गदर्शन, विशेष रूप से युवा महिलाओं के लिए, केवल करियर सलाह तक सीमित नहीं है; यह उनके दृष्टिकोण को आकार देने, क्षमताओं को बढ़ाने, और व्यक्तिगत और पेशेवर दोनों क्षेत्रों में उनके लिए उपलब्ध अवसरों को विस्तारित करने के बारे में है। यह अध्याय इस बात की पड़ताल करता है कि मार्गदर्शक कैसे प्रभावी रूप से युवा महिलाओं का समर्थन और प्रेरणा दे सकते हैं, उन्हें सफल और समृद्ध होने के लिए आवश्यक उपकरण प्रदान कर सकते हैं।

युवा महिलाओं का मार्गदर्शन करने का महत्व

विशिष्ट चुनौतियों का समाधान

युवा महिलाओं को अक्सर सामाजिक मानदंडों, लैंगिक पक्षपात, और शिक्षा और रोजगार में असमान अवसरों से जुड़ी विशिष्ट चुनौतियों का सामना करना पड़ता है। मार्गदर्शन इन चुनौतियों को नेविगेट करने में सहायक, सलाह और सफल महिला नेतृत्व के व्यावहारिक उदाहरण प्रदान करके महत्वपूर्ण भूमिका निभा सकता है।

आत्मविश्वास और महत्वाकांक्षा को प्रोत्साहित करना

मार्गदर्शक युवा महिलाओं को उच्च आकांक्षाएँ निर्धारित करने, अपने लक्ष्यों को आगे बढ़ाने, और अपनी क्षमताओं में विश्वास करने के लिए प्रेरित करके आत्मविश्वास का निर्माण करने में मदद करते हैं। यह समर्थन उन वातावरणों में विशेष रूप से महत्वपूर्ण है जहाँ महिला महत्वाकांक्षा को पुरुष महत्वाकांक्षा की तरह पोषित या सराहा नहीं जाता है।

प्रभावी मार्गदर्शन के प्रमुख तत्व

विश्वास और सम्मान बनाना

किसी भी मार्गदर्शन संबंध का आधार विश्वास और आपसी सम्मान है। प्रभावी मार्गदर्शक एक सुरक्षित स्थान बनाते हैं जहाँ मार्गदर्शित व्यक्ति बिना किसी निर्णय के अपने डर, आकांक्षाएँ, और चुनौतियाँ खुलकर साझा कर सके।

सक्रिय सुनना और सहानुभूति

मार्गदर्शकों को सक्रिय सुनने और वास्तविक सहानुभूति दिखाने की आवश्यकता होती है ताकि उनके मार्गदर्शित व्यक्तियों के अद्वितीय अनुभवों और दृष्टिकोणों को समझा जा सके। यह समझ प्रत्येक मार्गदर्शित व्यक्ति की व्यक्तिगत आवश्यकताओं और परिस्थितियों के अनुरूप मार्गदर्शन और समर्थन को अनुकूलित करने में मदद करती है।

लक्ष्य निर्धारित करना और कार्य योजनाएँ बनाना

प्रभावी मार्गदर्शक अपने मार्गदर्शित व्यक्तियों को यथार्थवादी, प्राप्त करने योग्य लक्ष्य निर्धारित करने में मदद करते हैं। साथ में, वे स्पष्ट चरणों और समयसीमाओं के साथ कार्य योजनाएँ विकसित करते हैं, जो उनके व्यक्तिगत और पेशेवर विकास में मार्गदर्शित करने और प्रेरित करने का कार्य करती हैं।

युवा महिलाओं का मार्गदर्शन करने के लिए रणनीतियाँ

आदर्श प्रस्तुत करना

मार्गदर्शक अपनी खुद की अनुभवों, सफलताओं, और सीखे गए पाठों को साझा करके आदर्श प्रस्तुत करते हैं। किसी ऐसे व्यक्ति को देखना जिसने समान रास्तों को सफलतापूर्वक नेविगेट किया है, मार्गदर्शित व्यक्तियों के लिए बेहद प्रेरणादायक हो सकता है।

पेशेवर विकास को प्रोत्साहित करना

मार्गदर्शक युवा महिलाओं को करियर उन्नति के लिए आवश्यक नए कौशल और योग्यताओं को प्राप्त करने में मार्गदर्शन कर सकते हैं। इसमें शैक्षिक अवसरों, कार्यशालाओं, नेटवर्किंग, और पेशेवर विकास रणनीतियों पर सलाह शामिल हो सकती है।

अवसरों के लिए वकालत करना

मार्गदर्शक अपने मार्गदर्शित व्यक्तियों के लिए अवसरों की वकालत कर सकते हैं, उन्हें पदों, परियोजनाओं, और पदोन्नतियों के लिए सिफारिश कर सकते हैं। नए अवसरों के द्वार खोलकर, मार्गदर्शक मार्गदर्शित व्यक्तियों को उनके कौशल लागू करने और मूल्यवान अनुभव प्राप्त करने में मदद करते हैं।

काम और जीवन में संतुलन बनाए रखना

युवा महिलाओं को एक स्वस्थ काम और जीवन संतुलन बनाए रखना सिखाना दीर्घकालिक सफलता और भलाई के लिए आवश्यक है। मार्गदर्शक पेशेवर जिम्मेदारियों और व्यक्तिगत जीवन का प्रबंधन करने के लिए रणनीतियाँ साझा

कर सकते हैं, जिससे बर्नआउट को रोका जा सके और सतत विकास सुनिश्चित हो सके।

मार्गदर्शन में चुनौतियाँ

पीढ़ीगत अंतराल को नेविगेट करना

मार्गदर्शक और मार्गदर्शित व्यक्तियों के बीच दृष्टिकोण और अनुभवों में अंतराल से गलतफहमियाँ हो सकती हैं। प्रभावी मार्गदर्शक इन अंतरालों को खुले संवाद के माध्यम से पहचानते और पाटते हैं और युवा पीढ़ियों के सामने आने वाले मुद्दों के बारे में सूचित रहते हैं।

अंतर्निहित पक्षपातों पर काबू पाना

मार्गदर्शकों को किसी भी अंतर्निहित पक्षपात को पहचानने और उसे सक्रिय रूप से दूर करने की आवश्यकता है जो उनके मार्गदर्शन को प्रभावित कर सकता है। लिंग और सांस्कृतिक विविधता पर नियमित आत्म-चिंतन और शिक्षा मार्गदर्शक की प्रभावशीलता को बढ़ा सकती है।

युवा महिलाओं का मार्गदर्शन अगली पीढ़ी को सशक्त बनाने के लिए एक शक्तिशाली उपकरण है। यह न केवल युवा महिलाओं को विकसित और सफल होने में मदद करता है, बल्कि एक अधिक समान और विविध समाज में भी योगदान देता है। समर्पित मार्गदर्शन के माध्यम से, हम यह सुनिश्चित कर सकते हैं कि युवा महिलाएँ न केवल एक बेहतर भविष्य का सपना देखें, बल्कि इसे वास्तविकता बनाने के लिए आवश्यक उपकरण भी प्राप्त करें।

"अपने प्रतिबिंब में, उसने केवल एक चेहरा नहीं देखा, बल्कि अनुभवों का एक नक्षत्र देखा, प्रत्येक तारा एक सीखा हुआ पाठ, एक जीती हुई लड़ाई। साथ में, उन्होंने आत्म-खोज और सशक्तिकरण की उसकी अनूठी राह को रोशन किया।"

19

शक्ति पुनः प्राप्त करना: कमजोरी से मजबूती तक

मानव अनुभव की जटिलता में, कमजोरी से मजबूती तक का सफर एक गहन परिवर्तन और सशक्तिकरण का प्रतीक है। यह यात्रा अंतर्निहित कमजोरियों को पहचानने, उन्हें अपनाने और अंततः इन अनुभवों को सहनशीलता और व्यक्तिगत शक्ति विकसित करने के लिए उपयोग करने की प्रक्रिया है। यह परिवर्तनशील प्रक्रिया इस बात की अंतर्दृष्टि प्रदान करती है कि व्यक्ति कैसे अपनी मानी जाने वाली कमजोरियों को ताकत के स्रोत में बदल सकते हैं और ऐसा करते हुए अपने व्यक्तिगत और पेशेवर जीवन को बेहतर बना सकते हैं।

परिचय

कमजोरी को अक्सर एक कमजोरी, एक खामी के रूप में देखा जाता है जिसे छिपा दिया जाना चाहिए। हालांकि, कमजोरी को अपनाना विकास और सशक्तिकरण के लिए एक शक्तिशाली उत्प्रेरक हो सकता है। यह अध्याय कमजोरी की अवधारणा, व्यक्तिगत विकास में इसकी भूमिका, और जिन तंत्रों के माध्यम से इसे गहन शक्ति के स्रोत में बदला जा सकता है, उनकी पड़ताल करता है।

कमजोरी को समझना

कमजोरी की परिभाषा

कमजोरी वह गुण है जो किसी को आसानी से आहत या प्रभावित कर सकता है। मनोवैज्ञानिक संदर्भ में, यह भावनात्मक जोखिम को संदर्भित करता है जो आहत होने के जोखिम के साथ आता है। इसमें अनिश्चितता, जोखिम, और भावनात्मक खुलेपन की भावनाएँ शामिल हो सकती हैं।

मानव मनोविज्ञान में कमजोरी की भूमिका

कमजोरी एक मौलिक मानवीय स्थिति है—कोई भी इससे अछूता नहीं है। यह विभिन्न स्रोतों से उत्पन्न हो सकती है, जैसे कि पिछले आघात, सामाजिक दबाव, या व्यक्तिगत असुरक्षाएँ। इसके मूल को समझना इसे संबोधित करने और अपनाने के लिए महत्वपूर्ण है।

कमजोरी से जुड़ा कलंक

सामाजिक धारणाएँ

कई संस्कृतियाँ कमजोरी को कमजोरी के रूप में देखती हैं, आत्मनिर्भरता और भावनात्मक कठोरता को बढ़ावा देती हैं। यह कलंक व्यक्तियों को अपनी कमजोरियों को दबाने के लिए प्रेरित कर सकता है, जिससे अलगाव और पीड़ा की भावनाएँ बढ़ सकती हैं।

पेशेवर वातावरण में कमजोरी

कार्यस्थल में कमजोरी को अक्सर कम आंका जाता है। कई पेशेवर वातावरणों की प्रतिस्पर्धी प्रकृति कमजोरी दिखाने से हतोत्साहित करती है, क्योंकि इसे नेतृत्व

या प्रभावशीलता के लिए बाधा के रूप में देखा जाता है।

कमजोरी को अपनाना

कमजोर अनुभवों से सीखना

कमजोर अनुभव सीखने और विकास के लिए शक्तिशाली अवसर प्रदान करते हैं। वे हमें हमारी भावनात्मक प्रतिक्रियाओं, हमारी जरूरतों, और हमारी ताकतों के बारे में सिखा सकते हैं, इस बात की मूल्यवान अंतर्दृष्टि प्रदान करते हैं कि हम दुनिया के साथ कैसे संवाद करते हैं।

कमजोरी सहानुभूति का प्रवेश द्वार

अपनी कमजोरियों को स्वीकार करना सहानुभूति को बढ़ा सकता है, स्वयं के लिए और दूसरों के लिए। यह गहरे संबंधों को बढ़ावा देता है और अधिक सहायक और सहयोगात्मक संबंधों की ओर ले जा सकता है।

कमजोरी को ताकत में बदलना

अंतर्निहित ताकतों को पहचानना

अक्सर, यह कमजोर क्षणों के माध्यम से होता है कि व्यक्ति अपनी सबसे महत्वपूर्ण आंतरिक ताकतों की खोज करते हैं। इनमें सहनशीलता, दृढ़ता, और गहन चिंतन और परिवर्तन की क्षमता शामिल हो सकती है।

सशक्तिकरण के लिए रणनीतियाँ

आत्म-चिंतन और स्वीकृति

नियमित आत्म-चिंतन में संलग्न होने से व्यक्तियों को अपनी कमजोरियों को समझने और स्वीकार करने में मदद मिलती है, उन्हें सहानुभूति और बुद्धिमत्ता के स्रोत में बदल दिया जाता है।

सहनशीलता का निर्माण

सहनशीलता में मनोवैज्ञानिक लचीलापन विकसित करना और कठिनाइयों से अधिक मजबूत होकर उभरने की कला सीखना शामिल है। इसे माइंडफुलनेस, थेरेपी, और समर्थन नेटवर्क जैसी प्रथाओं के माध्यम से विकसित किया जा सकता है।

सीमाएँ निर्धारित करना

स्वस्थ सीमाएँ निर्धारित करना कमजोरी का प्रबंधन करने में आवश्यक है। यह व्यक्तिगत स्थान और सीमाओं को परिभाषित करने में मदद करता है, जिससे किसी की भावनात्मक भलाई की रक्षा होती है।

समर्थन प्राप्त करना

एक सहायक वातावरण में कमजोरियों को साझा करना उनके चोट और अलगाव के प्रभाव को कम कर सकता है। सहायता समूह, परामर्श, या भरोसेमंद रिश्ते ऐसे आदान-प्रदान के लिए सुरक्षित स्थान प्रदान कर सकते हैं।

आदर्श प्रस्तुत करना

सार्वजनिक हस्तियाँ और नेता जो अपनी कमजोरियों के बारे में खुले तौर पर बोलते हैं, शक्तिशाली आदर्श प्रस्तुत कर सकते हैं, यह दिखाते हुए कि कमजोरी और ताकत सह-अस्तित्व में हो सकते हैं।

कमजोरी से शक्ति को पुनः प्राप्त करना इसे मिटाने के बारे में नहीं है, बल्कि इसे किसी के जीवन के व्यापक आख्यान में ताकत के स्रोत के रूप में एकीकृत करने के बारे में है।

यह प्रक्रिया न केवल व्यक्तिगत भलाई को बढ़ाती है बल्कि दूसरों के साथ अधिक समृद्ध, सहानुभूतिपूर्ण बातचीत की ओर भी ले जा सकती है, जो अंततः एक अधिक सहानुभूतिपूर्ण समाज में योगदान देती है।

"उसे एहसास हुआ कि हर असफलता बस एक बड़ी वापसी के लिए तैयारी है। इस ज्ञान से सुसज्जित, उसने हर दिन को नई ऊर्जा के साथ जिया, अपनी पिछली विफलताओं की राख से उठती हुई एक फीनिक्स।"

20

प्रेम की भूलभुलैया: स्वस्थ संबंधों को पोषित करना

संबंधों के जटिल रास्तों को नेविगेट करना अक्सर एक भूलभुलैया से गुजरने जैसा महसूस होता है—अप्रत्याशित मोड़ों, बंद गलियों, और स्पष्टता के क्षणों से भरा हुआ। इस अध्याय में प्रेम संबंधों की जटिलताओं की पड़ताल की जाएगी, यह समझने के लिए कि कैसे व्यक्ति ऐसा प्रेम विकसित और बनाए रख सकते हैं जो न केवल स्थायी हो बल्कि सशक्त और परस्पर संतोषजनक भी हो।

परिचय

प्रेम संबंधों की यात्रा सार्वभौमिक होते हुए भी गहराई से व्यक्तिगत है। जबकि गंतव्य अक्सर एक सामंजस्यपूर्ण और सहायक साझेदारी के रूप में देखा जाता है, रास्ता चुनौतियों से भरा हो सकता है। यह अध्याय स्वस्थ संबंधों के आवश्यक घटकों, जोड़े द्वारा सामना की जाने वाली सामान्य बाधाओं, और समय के साथ बढ़ते और विकसित होते प्रेम को पोषित करने की रणनीतियों पर प्रकाश डालता है।

स्वस्थ संबंधों की नींव

संचार

प्रभावी संचार किसी भी सफल संबंध की आधारशिला है। इसमें केवल जानकारी का आदान-प्रदान नहीं होता, बल्कि सक्रिय सुनना, सहानुभूति दिखाना, और अपने विचारों और भावनाओं को स्पष्ट और सम्मानजनक तरीके से व्यक्त करना शामिल है।

विश्वास और ईमानदारी

ईमानदारी और भरोसेमंदता की नींव पर बना विश्वास व्यक्तियों को अपने संबंधों में सुरक्षित और मूल्यवान महसूस करने की अनुमति देता है। इसमें निष्ठा और गहरे विश्वास दोनों शामिल हैं कि आपका साथी अपने और संबंध के सर्वोत्तम हित में कार्य करेगा।

सम्मान और सराहना

पारस्परिक सम्मान का अर्थ है एक-दूसरे के मूल्य को पहचानना और एक-दूसरे के साथ विचारशीलता और दया के साथ व्यवहार करना। सराहना एक कदम आगे बढ़कर, एक-दूसरे के योगदान और व्यक्तिगत भलाई को सक्रिय रूप से महत्व देती है।

संबंधों की चुनौतियों को नेविगेट करना

संघर्ष समाधान

संघर्ष किसी भी संबंध का एक स्वाभाविक पहलू है। इसे रचनात्मक रूप से प्रबंधित करने में असहमति को समझने और हल करने के उद्देश्य से संबोधित करना शामिल है, न कि प्रभुत्व या आत्मसमर्पण के माध्यम से।

व्यक्तित्व और साथपन का संतुलन

हालांकि एक प्रेम संबंध में निकटता की महत्वपूर्ण भूमिका होती है, समान रूप से अपने व्यक्तित्व को बनाए रखना भी महत्वपूर्ण है। जोड़ों को एक-दूसरे के व्यक्तिगत विकास का समर्थन करना चाहिए और उनकी स्वतंत्रता की

आवश्यकता का सम्मान करना चाहिए।

परिवर्तनों और तनावों से निपटना

जीवन के अपरिहार्य परिवर्तन और तनाव—जैसे करियर में बदलाव या पारिवारिक मुद्दे—संबंधों पर दबाव डाल सकते हैं। इन परिवर्तनों के साथ लचीलेपन और समर्थन के साथ अनुकूल होना स्वस्थ साझेदारी बनाए रखने के लिए महत्वपूर्ण है।

भावनात्मक संबंधों को गहरा करना

निकटता का निर्माण

निकटता में एक-दूसरे की इच्छाओं, डर, और उम्मीदों का गहन ज्ञान शामिल है। साझा अनुभवों और खुले संचार के माध्यम से भावनात्मक निकटता को पोषित करना जोड़ों के बीच बंधन को मजबूत कर सकता है।

शारीरिक स्नेह बनाए रखना

शारीरिक स्नेह भावनात्मक संबंध और विश्वास को मजबूत करता है। इसमें यौन निकटता के साथ-साथ साधारण शारीरिक नज़दीकियाँ जैसे हाथ पकड़ना, गले लगाना, और आकस्मिक स्पर्श शामिल हैं, जो निकटता और सुरक्षा की भावना को बढ़ावा देते हैं।

साझा लक्ष्य और मूल्य बनाना

मुख्य जीवन मूल्यों और लक्ष्यों पर संरेखण संबंध को आगे बढ़ा सकता है, जोड़ों को साझा दिशा और उद्देश्य प्रदान करता है। यह परिवार नियोजन से लेकर व्यक्तिगत और पेशेवर महत्वाकांक्षाओं तक, सामान्य परियोजनाओं और सपनों पर सहयोग का समर्थन करता है।

प्रेम बनाए रखने की रणनीतियाँ

लगातार विकास और सीखना

एक स्वस्थ संबंध गतिशील होता है, जिसमें निरंतर विकास और अनुकूलन शामिल होता है। जोड़ों को एक-दूसरे से सीखने, जिज्ञासु बने रहने, और संबंध को ताज़ा और रोचक बनाए रखने का प्रयास करना चाहिए।

सफलताओं का जश्न मनाना और असफलताओं का सामना करना

एक-दूसरे की सफलताओं का जश्न मनाने से साझेदारी और साझा खुशी को मजबूत किया जाता है। इसके विपरीत, असफलताओं के माध्यम से एक-दूसरे का समर्थन करना सहनशीलता को बढ़ावा देता है और विश्वास को गहराई प्रदान करता है।

संबंधों की नियमित जाँच

समय-समय पर संबंध की स्थिति का आकलन करना मुद्दों को बढ़ने से पहले संबोधित करने में मदद कर सकता है। ये जाँच साझेदारों को जरूरतों, भावनाओं में परिवर्तनों, और जीवन के लक्ष्यों में अपडेट पर चर्चा करने का अवसर प्रदान करती हैं।

संचार, विश्वास, और सम्मान जैसी बुनियादी गुणों को पोषित करके, और चुनौतियों का एक साथ सामना करके, जोड़े एक ऐसा स्थायी और स्वस्थ संबंध बना सकते हैं जो न केवल जटिलताओं के बावजूद जीवित रहे, बल्कि फले-फूले। प्रेम की भूलभुलैया के इस सफर में, इसके सभी मोड़ और घुमावों के साथ, अंततः स्वयं और एक-दूसरे की गहरी समझ की ओर ले जाता है, यह प्रकट करता है कि असली खजाना न केवल दूसरे का प्रेम है, बल्कि इस रास्ते में पोषित किया गया विकास और खुशी भी है।

"उसका साहस संक्रामक था, आसपास के लोगों को डर की जंजीरों से मुक्त होने के लिए प्रेरित करता हुआ। साथ में, उन्होंने सशक्तिकरण का मार्ग प्रशस्त किया, यह यात्रा केवल आत्म-खोज की नहीं, बल्कि सामूहिक जागरूकता की भी थी।"

21
सारांश

इस पुस्तक के पिछले अध्यायों में, हमने महिलाओं के सशक्तिकरण की बहुआयामी यात्रा की गहन पड़ताल की है, जो व्यक्तिगत और सार्वभौमिक, मनोवैज्ञानिक और सामाजिक पहलुओं से होकर गुजरती है। इस पुस्तक का उद्देश्य आत्म-खोज के विभिन्न चरणों में महिलाओं के लिए एक मार्गदर्शक और प्रेरणा बनना है, अंतर्दृष्टियों, रणनीतियों, और वास्तविक जीवन की कहानियों के माध्यम से आंतरिक शक्ति का मार्ग प्रशस्त करना।

मुख्य विषय और अंतर्दृष्टियाँ

स्वयं को समझना

यात्रा की शुरुआत आत्म-जागरूकता की गहराई से हुई, जिसमें अपनी भावनाओं, प्रेरणाओं, और इच्छाओं को समझने के महत्व पर जोर दिया गया। अपनी शक्तियों और कमजोरियों को पहचानना केवल व्यक्तिगत ज्ञान के लिए नहीं है, बल्कि यह प्रभावी निर्णय लेने और व्यक्तिगत विकास की नींव भी बनाता है। हमने खोजा कि आत्म-ज्ञान सशक्तिकरण की ओर पहला कदम है, जो यथार्थवादी लक्ष्यों को स्थापित करने और उन्हें प्राप्त करने के लिए आवश्यक स्पष्टता प्रदान करता है।

बाधाओं को चुनौती देना

इसके बाद हमने उन आंतरिक और बाहरी बाधाओं की पहचान करने और उनसे निपटने पर ध्यान केंद्रित किया, जिनका महिलाएँ सामना करती हैं। सामाजिक

रूढ़ियों से लेकर व्यक्तिगत असुरक्षाओं तक, ये बाधाएँ अक्सर विकास को बाधित करती हैं और क्षमता को दबा देती हैं। मनोवैज्ञानिक अंतर्दृष्टि और व्यावहारिक सलाह के माध्यम से, इस पुस्तक ने पाठकों को इन सीमाओं को तोड़ने के लिए उपकरण प्रदान करने का प्रयास किया। हमने डर पर काबू पाने, पूर्वाग्रह से लड़ने, और न केवल अपनी संभावनाओं की धारणा को बल्कि समाज की धारणा को भी पुनः आकार देने की रणनीतियों पर चर्चा की।

आंतरिक शक्ति का उपयोग करना

चुनौतियों को ताकत में बदलने के संदर्भ में, हमने सहनशीलता की परिवर्तनकारी शक्ति पर चर्चा की। सहनशीलता का निर्माण केवल असफलताओं से उबरने के बारे में नहीं है, बल्कि विपत्ति को अवसर में बदलने के बारे में है। इस खंड ने भावनात्मक और मानसिक दृढ़ता के लिए कार्यप्रणालियाँ प्रदान कीं, और चुनौतियों का सामना करते समय संतुलन और दृष्टिकोण बनाए रखने के महत्व पर जोर दिया।

कार्रवाई में सशक्तिकरण

अंत में, पुस्तक ने व्यक्तिगत विकास को व्यक्तिगत और व्यावसायिक क्षेत्रों में व्यावहारिक सशक्तिकरण में परिवर्तित करने पर ध्यान केंद्रित किया। हमने दिखाया कि सशक्त महिलाएँ अपने समुदायों में बदलाव कैसे लाती हैं, अपने क्षेत्रों में नवाचारों का नेतृत्व करती हैं, और अगली पीढ़ी का मार्गदर्शन करती हैं, जिससे उनके सशक्तिकरण का प्रभाव कई गुना बढ़ जाता है।

चिंतन और आगे बढ़ना

यह केवल एक पुस्तक नहीं है; यह एक कार्रवाई का आह्वान है। यह प्रत्येक पाठक को आत्म-खोज की अपनी यात्रा में सक्रिय रूप से शामिल होने के लिए आमंत्रित करती है, अपनी कमजोरियों को उतना ही अपनाने के लिए जितना कि अपनी ताकतों को, और स्वयं में और दूसरों में सशक्तिकरण की तलाश और पोषण करने के लिए प्रेरित करती है।

जैसा कि हम निष्कर्ष पर पहुँचते हैं, हमें पुस्तक के मुख्य संदेश पर चिंतन करना चाहिए: सशक्तिकरण एक सतत और विकसित होने वाली प्रक्रिया है। इसके लिए

साहस, सहनशीलता, और यथास्थिति को चुनौती देने की इच्छा की आवश्यकता होती है। इस मार्ग पर उठाया गया हर कदम न केवल किसी के अपने जीवन को बढ़ाता है, बल्कि महिलाओं की आने वाली पीढ़ियों के लिए भी रास्ता बनाता है।

इस यात्रा में, हर चुनौती जो पार की जाती है, हर बाधा जो तोड़ी जाती है, और हर काँच की छत जो चकनाचूर की जाती है, न केवल यह परिभाषित करती है कि शक्तिशाली होना क्या है; यह यह भी परिभाषित करती है कि उद्देश्य और प्रभाव के जीवन को जीना क्या है। इस पुस्तक के पाठ और कहानियाँ आपको सशक्तिकरण के रास्ते बनाने के लिए प्रेरित करें, यह जानते हुए कि हर महिला के भीतर अपनी दुनिया को बदलने की अविश्वसनीय शक्ति है।

"आत्म-चिंतन की शांति में, उसने अपनी सबसे प्रभावशाली शक्ति की खोज की: अपनी दुनिया को भीतर से बदलने की क्षमता। इस एहसास के साथ, उसने अपने प्रकाश में कदम रखा, ताकत और आशा का एक प्रकाशस्तंभ।"

෴

उद्धरण और संदर्भ

यह पुस्तक व्यापक अनुसंधान और सूक्ष्म विश्लेषण का परिणाम है, जिसमें विभिन्न स्रोतों जैसे अनेक पुस्तकों, विद्वानों के अध्ययन और व्यक्तिगत अनुभवों को सम्मिलित किया गया है। इसके अतिरिक्त, मैंने इस कार्य को संकलित करने के लिए प्रासंगिक जानकारी और आंकड़े जुटाने हेतु विभिन्न वेबसाइटों की भी खोज की है। मैंने प्रस्तुत जानकारी की सटीकता सुनिश्चित करने के लिए हर संभव प्रयास किया है और सभी स्रोतों का विधिपूर्वक उल्लेख किया है ताकि उनके योगदान को सम्मानित किया जा सके।

इन प्रयासों के बावजूद, अनजाने में त्रुटियाँ होने की संभावना बनी रहती है। मैं अपने पाठकों के विचारों को अत्यधिक महत्व देता हूँ और किसी भी ऐसी त्रुटि की पहचान करने और उसे सुधारने के लिए आपके फीडबैक का स्वागत करता हूँ। मैं आपसे आग्रह करता हूँ कि किसी भी प्रकार की विसंगतियों को मेरी जानकारी में लाएँ।

आपका फीडबैक न केवल स्वागत योग्य है बल्कि अत्यावश्यक भी है, क्योंकि यह वर्तमान संस्करण में सुधार लाने और भविष्य के संस्करणों की सामग्री को और बेहतर बनाने में मदद करेगा। मैं अपनी कृतियों में उच्चतम स्तर की सटीकता और विश्वसनीयता बनाए रखने के प्रति प्रतिबद्ध हूँ और आपके समर्थन और समझ के लिए धन्यवाद देता हूँ।

इसके अतिरिक्त, मैं संविधान के अनुच्छेद 19(1)(क) के तहत गारंटीकृत अभिव्यक्ति की स्वतंत्रता के सिद्धांत का दृढ़ता से पालन करती हूँ और अपने सभी पाठकों के विविध दृष्टिकोणों और अभिव्यक्तियों का सम्मान करता हूँ।

Other Books Of The Author

1. Empowering Minds: A Journey into Women's Self-Discovery and Power
2. The Dynamics of Motivation: Catalyzing Thought into Action
3. Meditation and Mental Well Being: The Path to Inner Peace and Clarity
4. The Psychology of Child Education: Nurturing Future Generations
5. Ethical Enlightenment: A Modern Guide to Living with Integrity
6. Voices of Empowerment: Stories of Women Rising Against Odds
7. Social Psychology in Everyday Life: Understanding Human Connections
8. The Essence of Motivational Speaking: Inspiring Change in Others
9. Balancing Acts: Women, Work, and the Will to Lead
10. Guiding with Grace: Raising Children with Compassion and Awareness
11. The Power of Positive Aging: Embracing Life After Fifty
12. Building Resilient Communities: Social Work in Action
13. The Ethical Educator: Principles for Teaching and Learning
14. Innovative solutions for Social Change: The Role of Social Psychology for crafting a Better World
15. The Ethics of Empathy: A Guide to Ethical Living
16. The Science of Empowering the Self: Navigating Life's Challenges with Psychological Wisdom
17. The Mindful Conscious Leader: Meditation Techniques for Modern Management
18. Pioneering Spirit: Women's Pathways to Leadership and Empowerment
19. Feeling to Healing: The Role of Emotional Intelligence in Child Development
20. Transformative Talks and Words of Inspiration: Insights into

Motivational Oratory

43. Altruistic Alchemy: Transforming Lives Through Giving
44. The Blueprint of Pro-Activeness and Productivity: Crafting Habits for Success
45. The Simplicity with Grounded Wisdom: Embracing Authenticity in a Complex World
46. Secret of Solopreneur's Odyssey: Navigating the Path to Self-Employment
47. Exploring Tapestry of Peace: Global Perspectives on Harmony
48. The Art and Actions of Connection: Mastering Communication for Impact
49. She Governs and at the Helm: Strategies for Political Empowerment
50. Rising Above and Rising with Grace: A Woman's Roadmap to Career Mastery
51. The Effect of Networking & Connectedness: Building Strategic Alliances for Women
52. Beyond his Barriers: Women Thriving in Male-Dominated Fields
53. Secret of Inner Compass: Navigating Life with Intuition
54. Creative & Pro-Active Muses: A Celebration of Women in the Arts
55. Unburdened: The Art of Releasing the Past
56. Amplified Voices: Speeches of Women that Astonished the World
57. Secret of Manifesting Dreams: A Woman's Guide to Intentional Living
58. Ethics and Value Based Education: Reimagining Japan's School System
59. The Moral Compass Curriculum: A Holistic Approach
60. Tech with Heart: Integrating Ethics into Digital Learning
61. Honoring Virtue: Recognizing Ethical Excellence in Education
62. Raising Good Humans: A Guide to Character Development
63. The Spark Within: Nurturing Creativity in Children
64. The Teenager Whisperer: Navigating Adolescence with Grace
65. Igniting a Passion for Learning: Inspiring Lifelong Curiosity
66. The Habit Lab: Cultivating Positive Behaviors in Children

67. Seeds of Empathy: Fostering Compassion in Young Hearts
68. The Reading Revolution: Inspiring a Love of Books in Children
69. The Learning Brain: Unlocking the Secrets of Student Success
70. Teaching for All: Differentiated Instruction Strategies
71. The Time Alchemist: Mastering Time Management for Peak Performance
72. The Resilience Factor: Transforming Setbacks into Stepping Stones
73. The Healing Touch of Nature: An Introduction to Naturopathy
74. Echoes of the Past: Healing Through Past Life Regression
75. The Spiritual Healer's Handbook: Exploring Energy Medicine
76. Crystal Clarity: Unveiling the Power of Gemstones
77. The Dream Weaver's Guide: Decoding the Language of Dreams
78. Emotional Alchemy: Transforming Pain into Power
79. Sonic Serenity: Harnessing Sound for Stress Relief
80. The Entrepreneur's Playbook: Launching Your Business with Confidence
81. Productivity Unleashed: Time Management Strategies for Entrepreneurs
82. The Problem Solver's Toolkit: Creative Solutions for Business Challenges
83. The Future is Now: Emerging Trends in Business
84. The Curious Explorer: A Child's Guide to Scientific Discovery
85. Digital Pioneers: Empowering Kids in the Tech World
86. The Young Philosopher's Guide: Exploring Life's Big Questions
87. Finding Your Voice: Communication Skills for Confident Kids
88. Nature's Playground: A Child's Guide to Outdoor Adventure
89. Growing a Greener Tomorrow: A Guide to Tree Planting & Conservation
90. Driving with Purpose: Ethical Choices on the Road
91. The Healing Touch: Cultivating Compassion in Healthcare
92. Navigating the Digital Landscape: Ethics in the Age of Social Media
93. The Ethical Closet: A Guide to Sustainable Fashion
94. The Mindful Voyager: Sustainable Travel Practices

ॐ

Contact

Dr. Minakshi Bansal
Social Activist
Ahmedabad, Gujarat, Bharat
dhanyamfoundation@gmail.com

|| LOKAHA SAMASTHAHA SUKHINO BHAVANTU ||